1 Ꜳ — 6 Ꜳ — 2 Ꜳ — 3 Ꜳ — 4 Ꜳ — 5 Ꜳ — 7 Ꜳ — 8 Ꜳ — Ꜳ — 10 Ꜳ — 9 — 11 Ꜳ — 12 Ꜳ — 13 Ꜳ — 14 Ꜳ

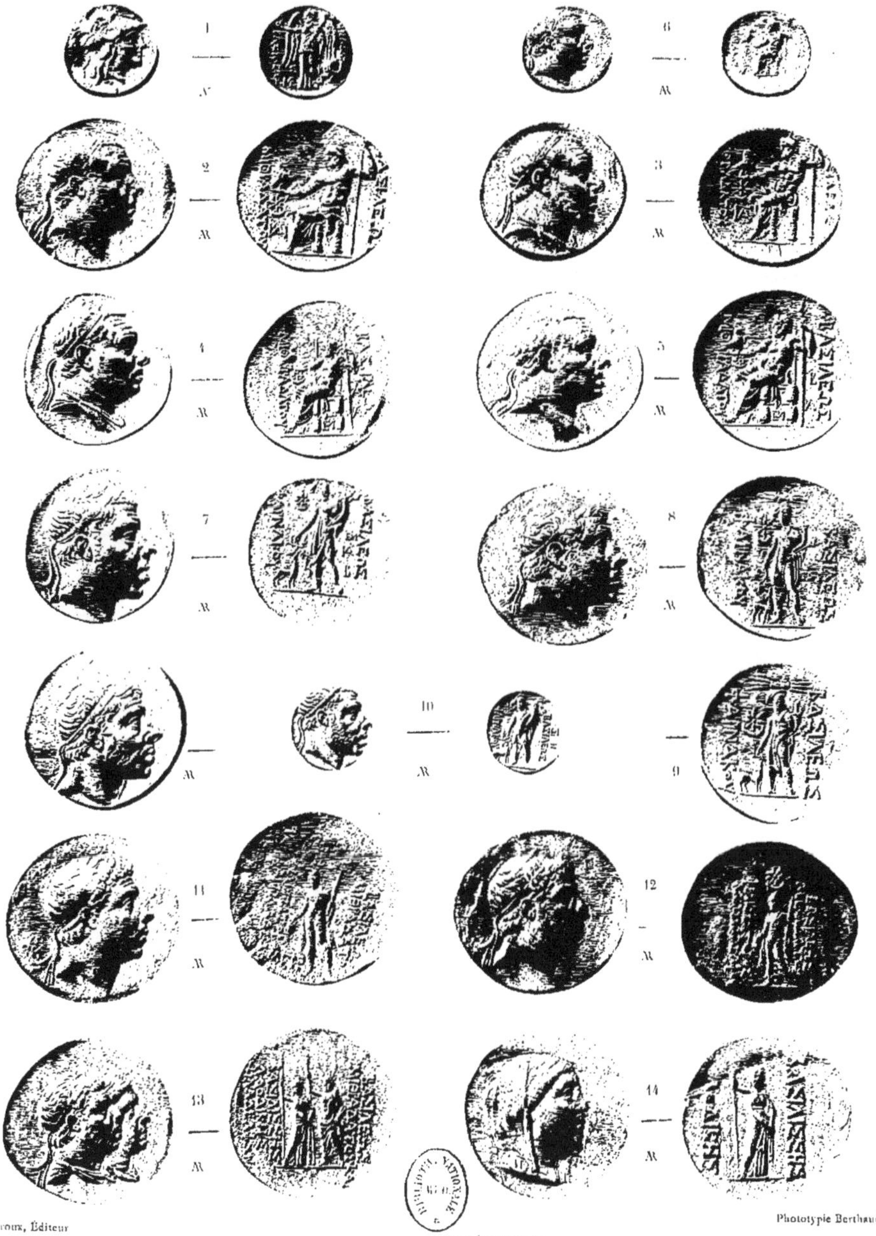

E. Leroux, Éditeur

Phototypie Berthaud

ROIS ACHÉMÉNIDES

E. Leroux, Éditeur Phototypie Berthaud.

ROIS ACHÉMÉNIDES

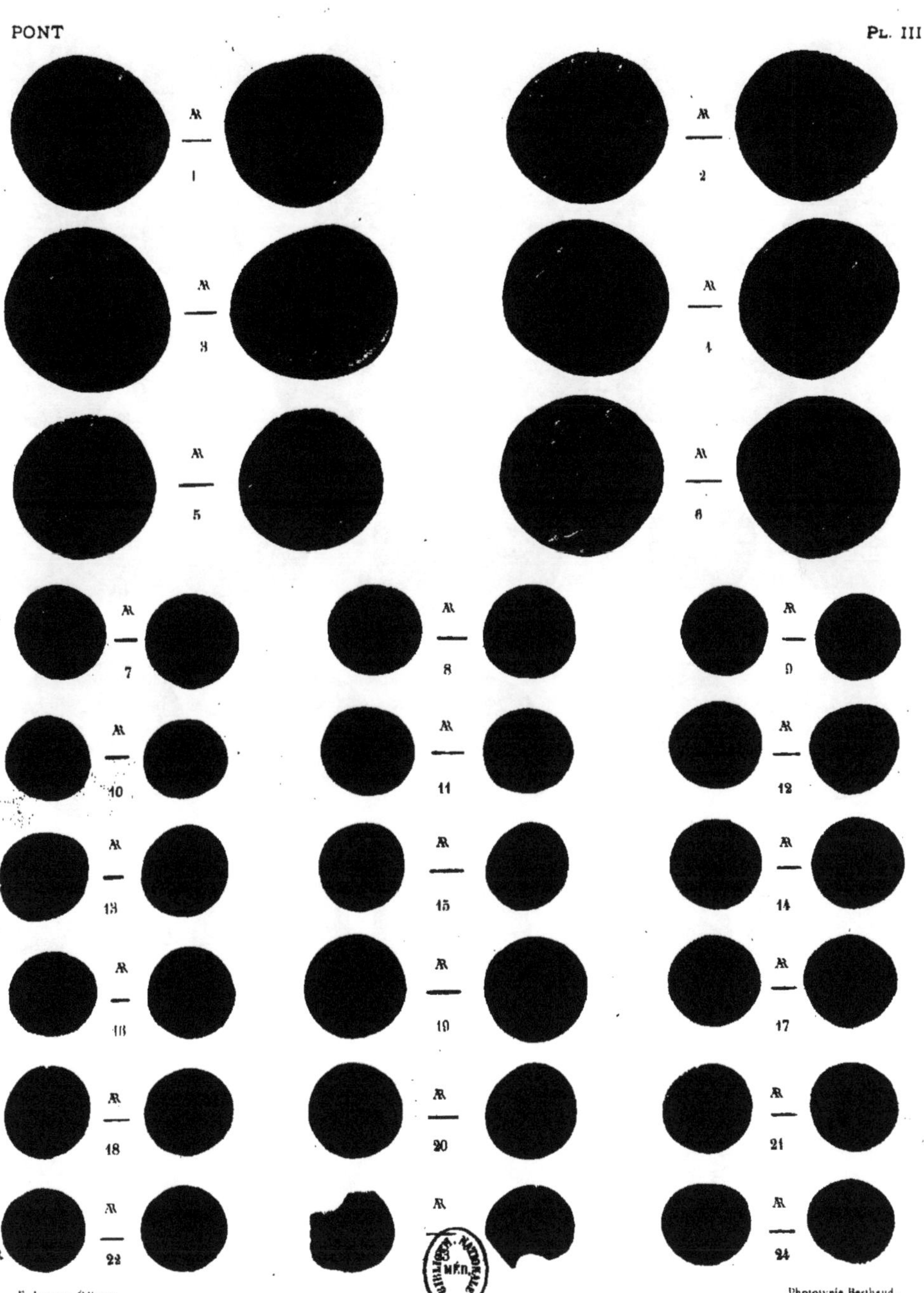

E. Leroux, Éditeur
Phototypie Berthaud.

1 à 6. ROIS ACHÉMÉNIDES. — 7 à 24. ZÉNONIDES.

E. Leroux, Éditeur Phototypie Berthaud.

1. COMMUNE PONTI. — 2 à 4. ÆMILIUM. — 5 à 22. AMASIE.

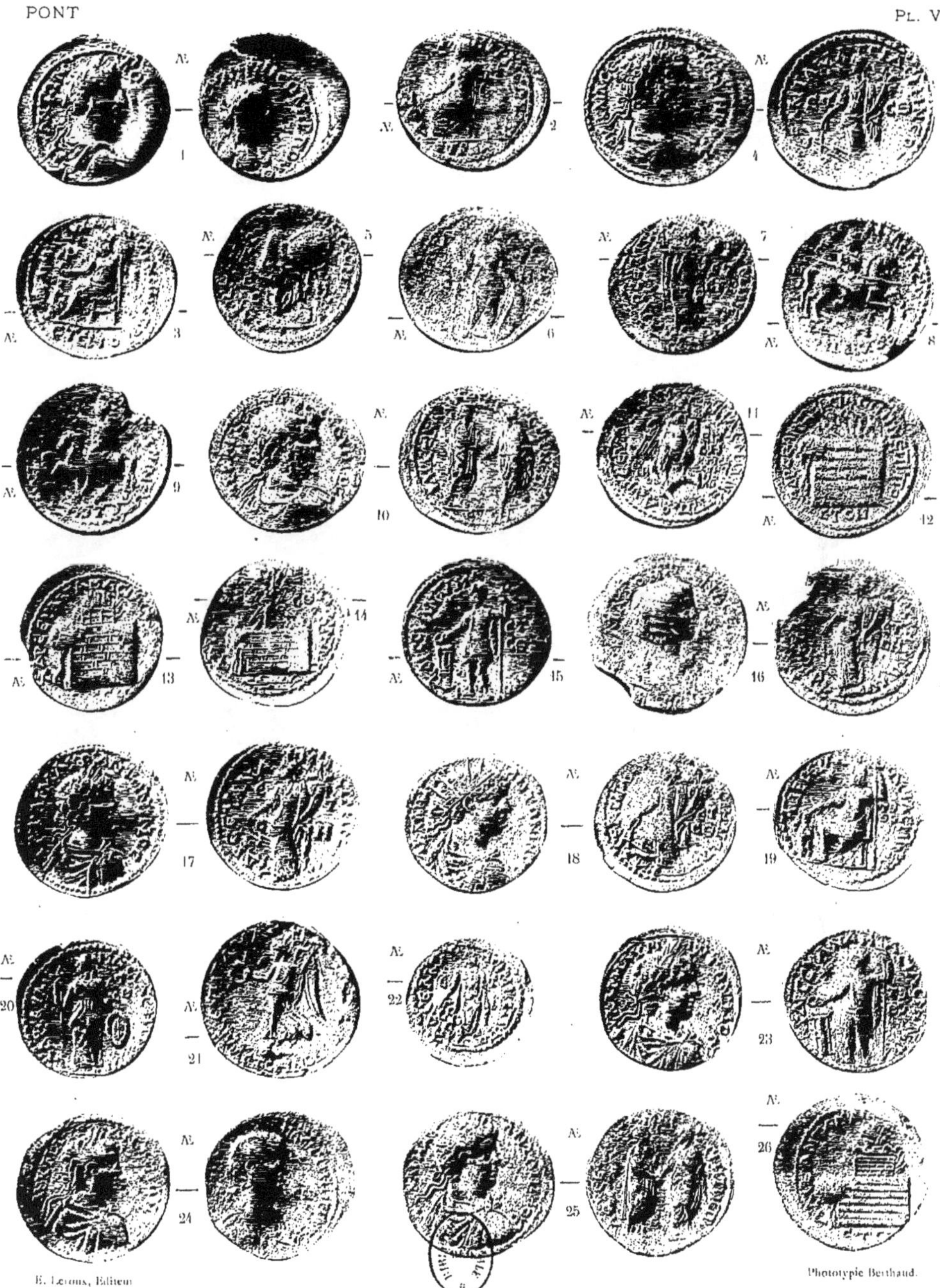

E. Leroux, Éditeur

AMASIE

Phototypie Berthaud.

E. Leroux, Éditeur

Phototypie Berthaud.

1 à 15. AMASIE. — 16 à 32. AMISUS.

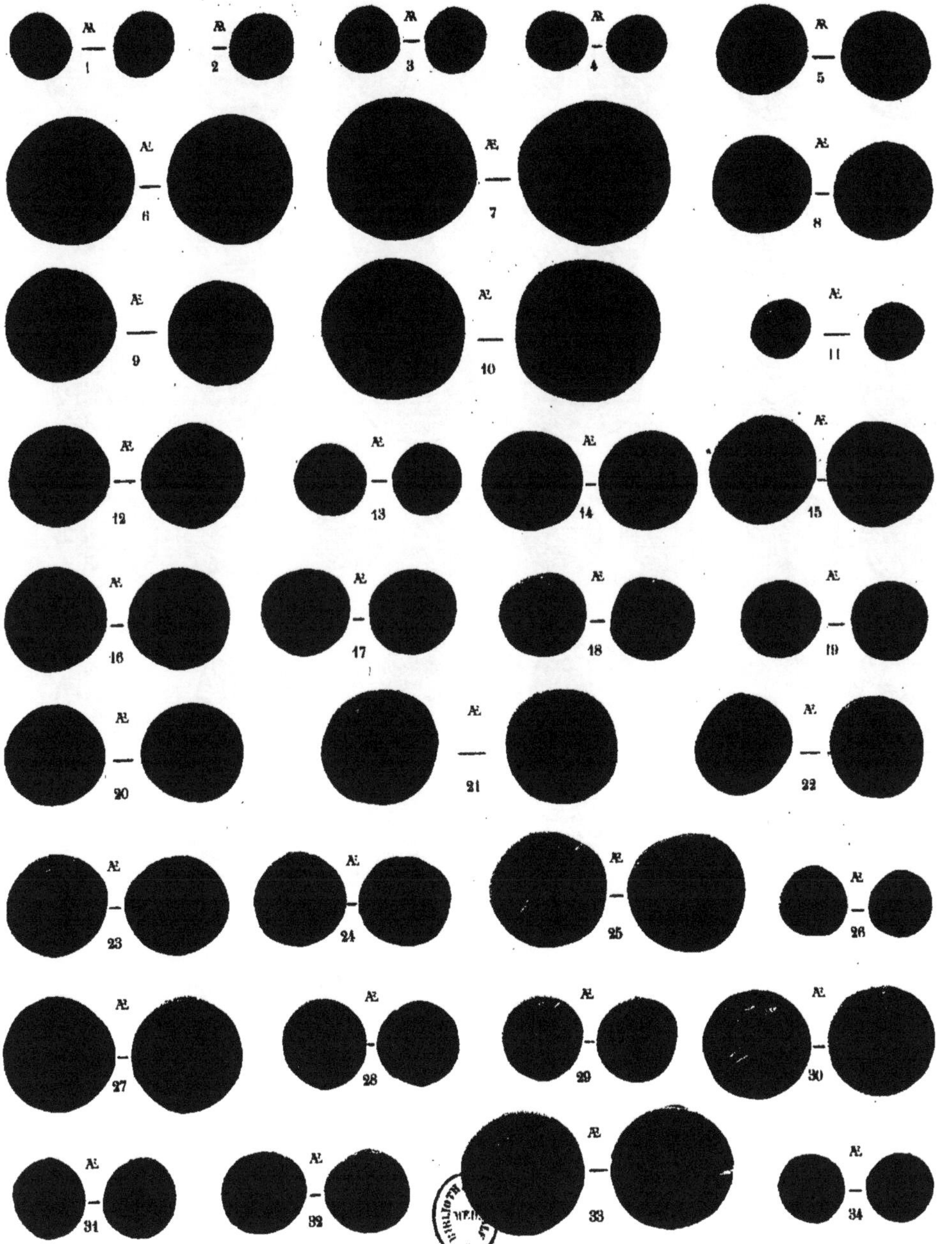
AR 1
AR 2
AR 3
AR 4
AR 5
Æ 6
Æ 7
Æ 8
Æ 9
Æ 10
Æ 11
Æ 12
Æ 13
Æ 14
Æ 15
Æ 16
Æ 17
Æ 18
Æ 19
Æ 20
Æ 21
Æ 22
Æ 23
Æ 24
Æ 25
Æ 26
Æ 27
Æ 28
Æ 29
Æ 30
Æ 31
Æ 32
Æ 33
Æ 34

E. Leroux, Éditeur

Phototypie Berthaud

AMISUS

E. Leroux, Éditeur Phototypie Berthaud

AMISUS

AR 2 AR 1 AR 3 AR 4 AR 5

AR 6 AR 7 AR 8 AR 9

AR 10 AR 11 AR 12 AR 13 AR 14 AR 15

AR 16 AR 17 AR 18 AR 19

AR 20 AR 21 AR 22

AR 23 AR 24 AR 25 AR 26

Æ 28 AR 27 Æ 29

Æ 30 Æ 31 Æ 32

E. Leroux, Éditeur

AMISUS

Phototypie Berthaud

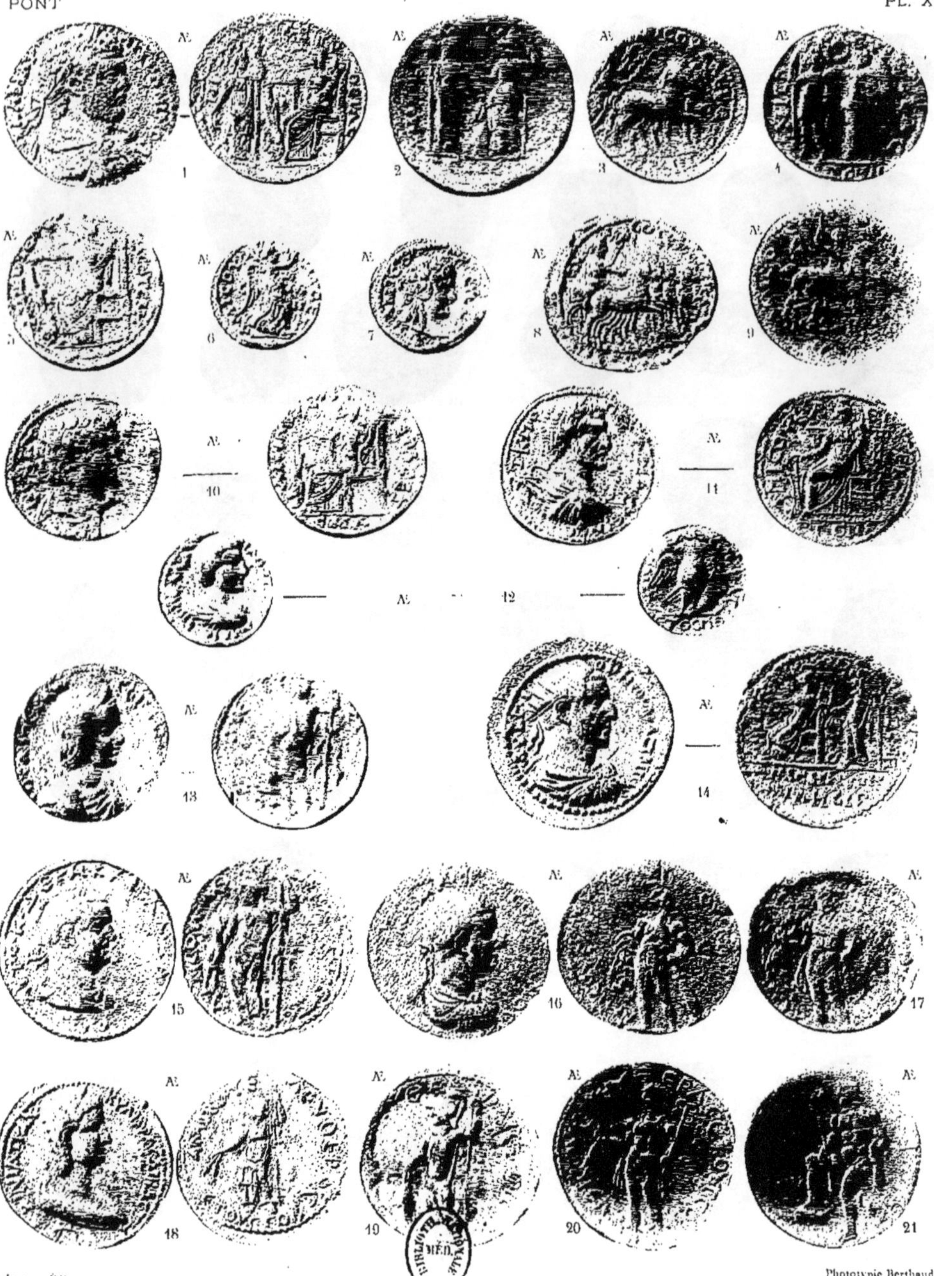

AMISUS

E. Leroux, Éditeur
Phototypie Berthaud

E. Leroux, Éditeur Phototypie Berthaud

1 à 10. AMISUS. — 11 à 20. CERASUS. — 21 à 23. CHABOCTA. — 24 à 25. COMANA.

1 Æ 2 Æ 3 Æ

4 Æ 5 Æ 6 Æ 7 Æ

9 AR 8 Æ 10 AR

11 AR 13 Æ 12 AR

14 Æ 15 Æ 16 Æ 17 Æ

18 Æ 20 Æ 19 Æ

21 Æ 22 Æ 23 Æ 24 Æ

25 Æ 26 Æ 27 Æ 28 Æ

E. Leroux, Éditeur Phototypie Berthaud.

1 à 8. COMANA. — 9 à 14. GAZIURA. — 15 à 17. LAODICÉE. — 18 à 28. NÉOCÉSARÉE.

E. Leroux, Éditeur

Phototypie Berthaud

NÉOCÉSARÉE

Æ 2 Æ 1 Æ 4

Æ 5 Æ 3 Æ 7 Æ 6

Æ 8 Æ 9 Æ 10 Æ 11

Æ 12 Æ 13 Æ 14

Æ 15 Æ 16 Æ 17 Æ 18

Æ 19 Æ 20 Æ 21

Æ 22 Æ 23 Æ 24 Æ 25

Æ 26 Æ 27 Æ 28 Æ 29

E. Leroux, Éditeur Phototypie Berthaud.

1 à 12. NÉOCÉSARÉE. — 13, 14. NICOPOLIS AD LYCUM. — 15 à 18. PHARNACIA.
19 et 20. SEBASTIA. — 21 à 29. SEBASTOPOLIS - HERACLEOPOLIS.

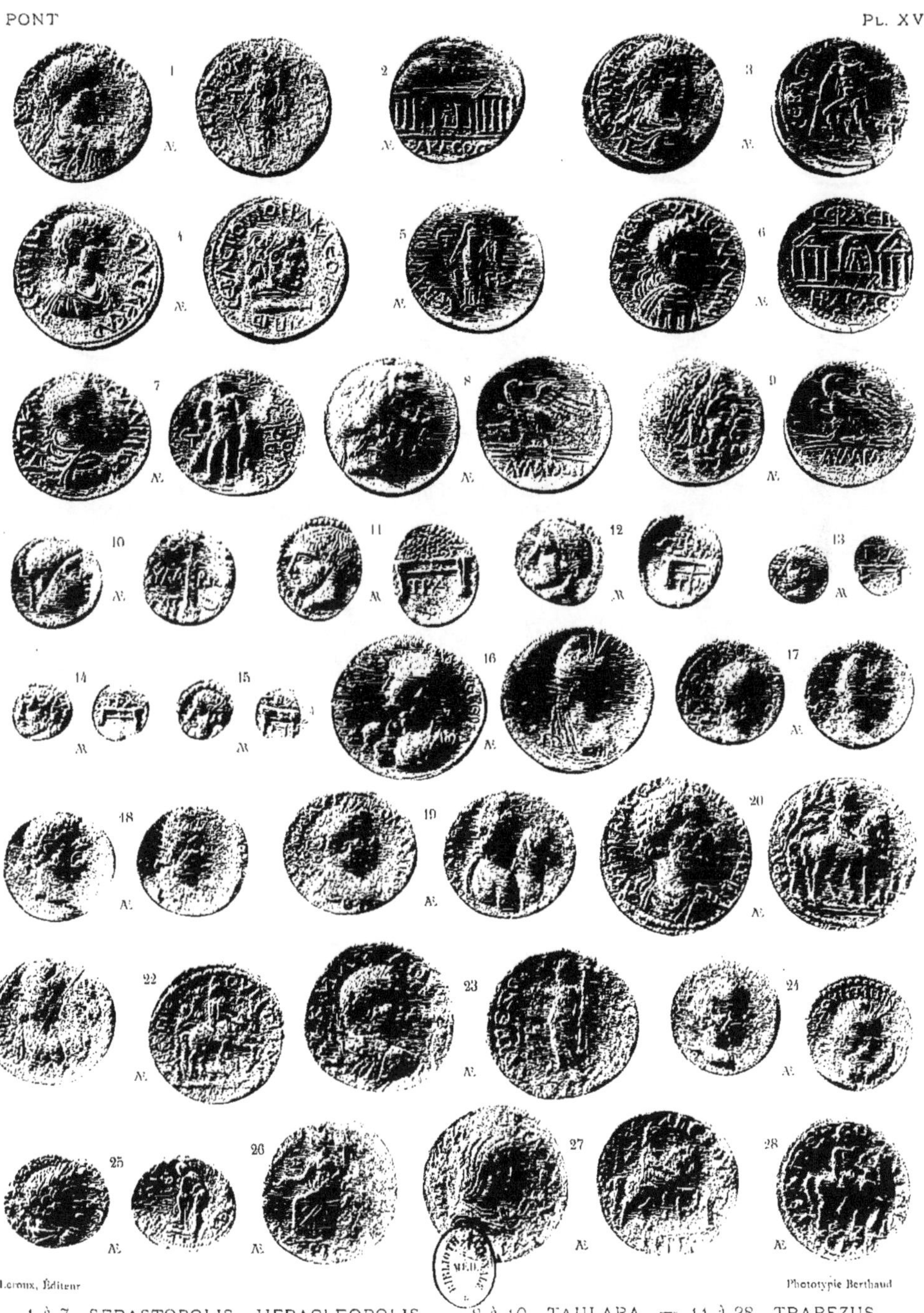

E. Leroux, Éditeur Phototypie Berthaud

1 à 7. SEBASTOPOLIS - HERACLEOPOLIS. — 8 à 10. TAULARA. — 11 à 28. TRAPEZUS.

E. Leroux, Éditeur Phototypie Berthaud.

1 à 12. TRAPEZUS. 13 à 23. ZELA.

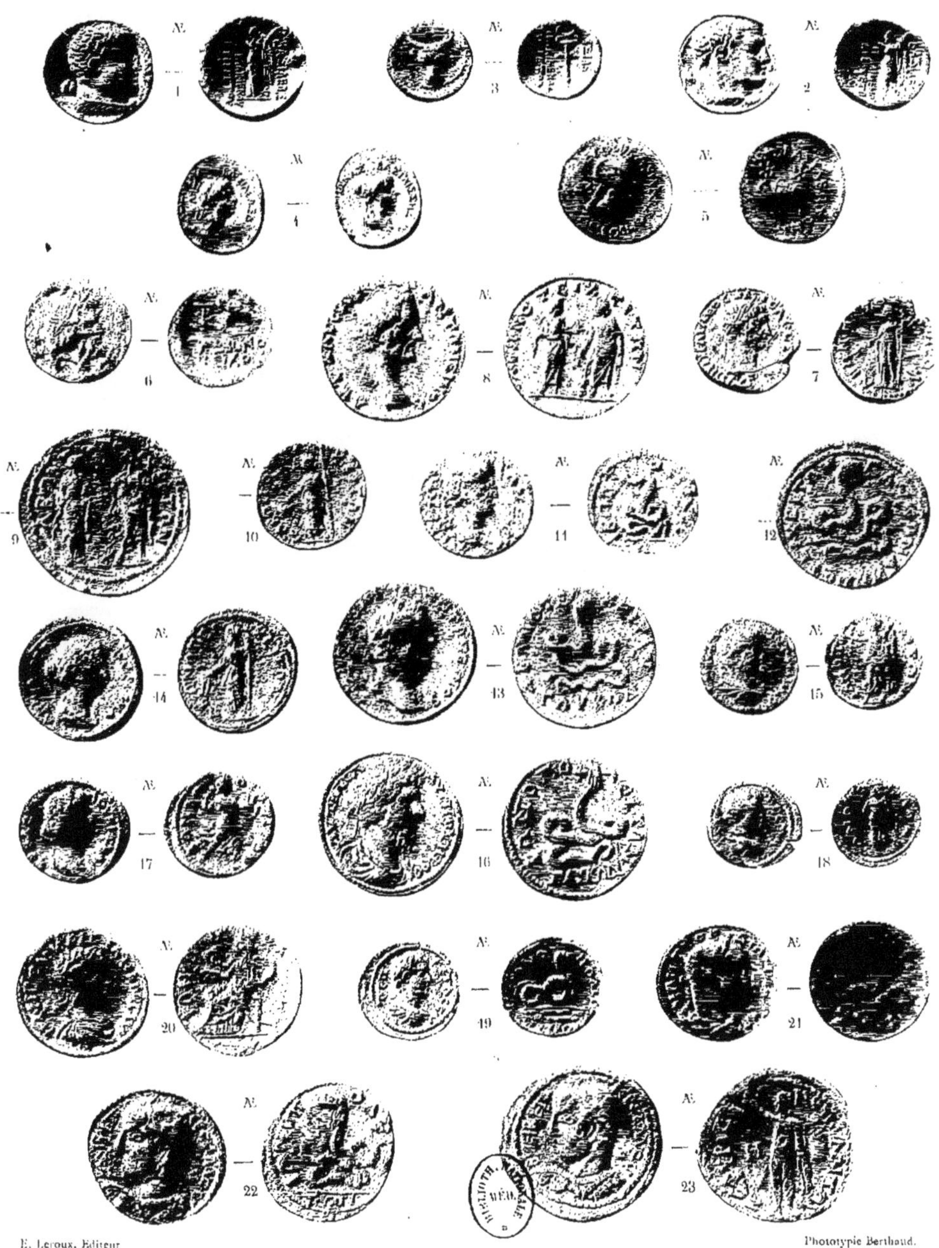

E. Leroux, Éditeur

Phototypie Berthaud.

1 à 5. ROIS DE PAPHLAGONIE. — 6 à 23. ABONOTICHUS - IONOPOLIS.

E. Leroux, Éditeur Phototypie Berthaud

AMASTRIS

E. Leroux, Éditeur

Phototypie Berthaud

AMASTRIS

E. Leroux, Editeur Phototypie Berthaud

AMASTRIS

E. Leroux, Éditeur

Phototypie Berthaud

1 A 22. AMASTRIS. — 23 A 26. CROMNA.

E. Leroux, Éditeur Phototypie Berthaud

GANGRA-GERMANICOPOLIS.

E. Leroux, Editeur

Phototypie Berthaud

1 A 7. GANGRA-GERMANICOPOLIS. — 8 A 15. NEOCLAUDIOPOLIS. — 16 ET 17. PIMOLISA.
18 A 25. POMPEIOPOLIS. — 26 ET 27. SÉBASTÉ.

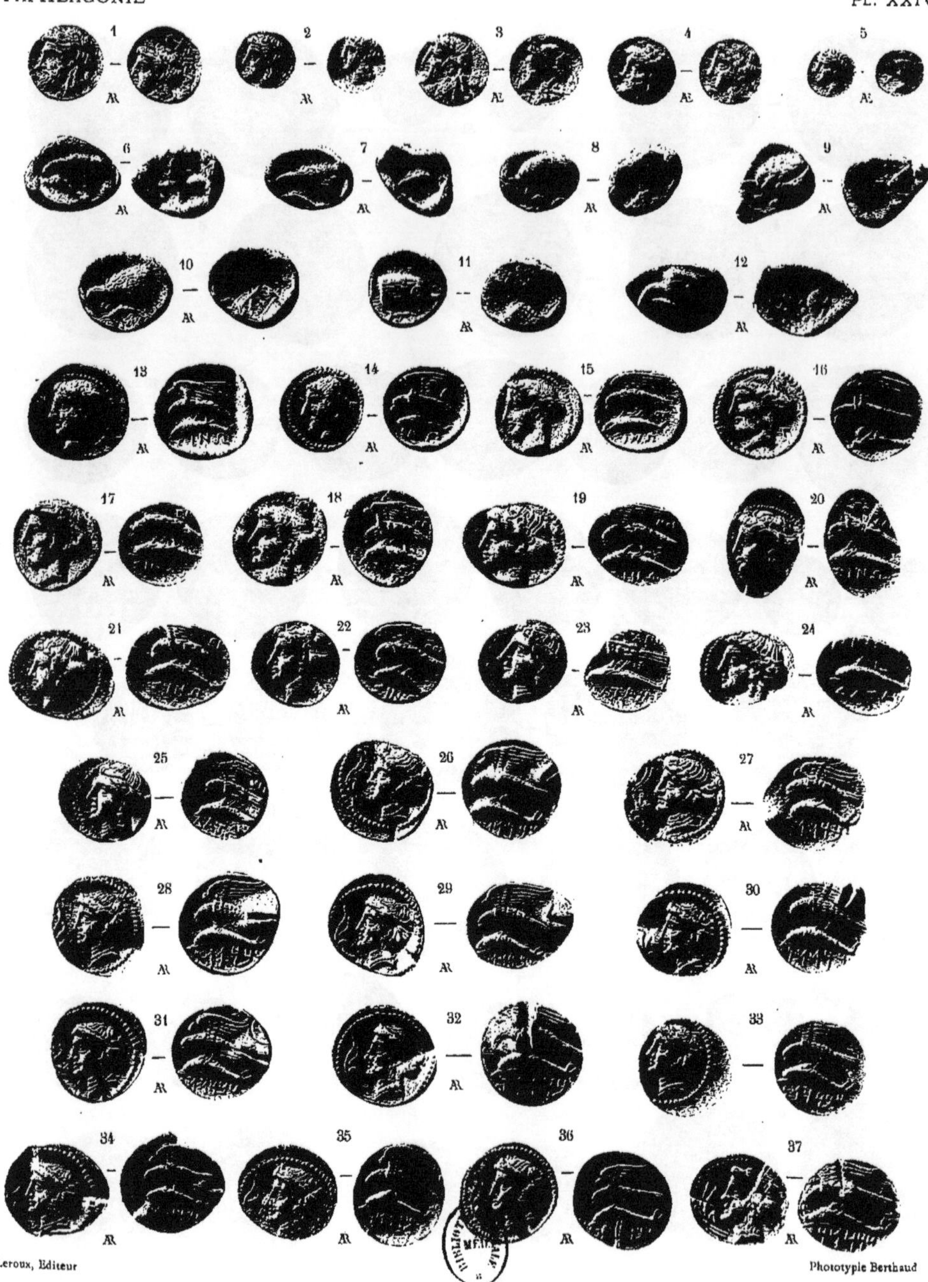

E. Leroux, Editeur Phototypie Berthaud

1 A 5. SESAMUS. — 6 A 37. SINOPE.

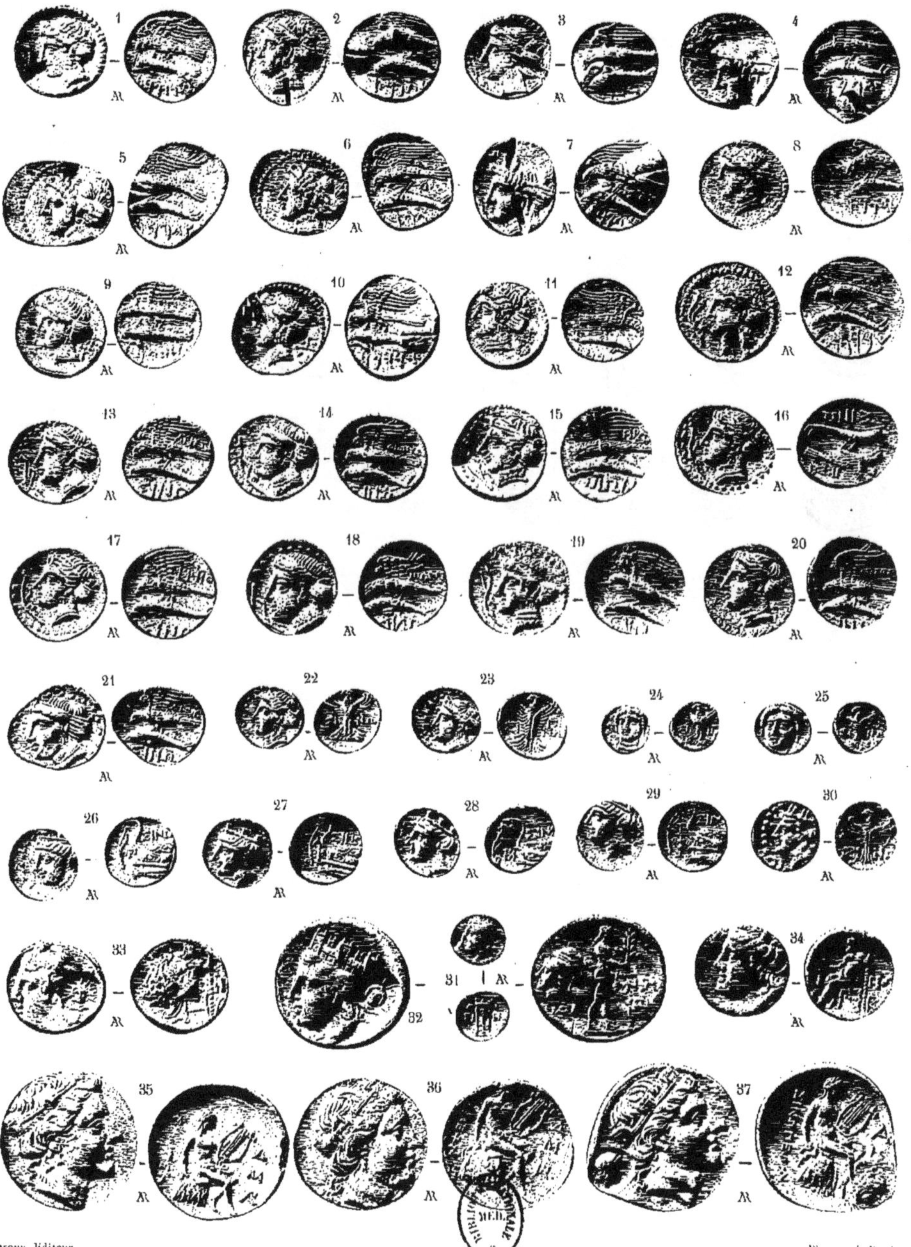

E. Leroux, Éditeur Phototypie Berthaud

SINOPE

E. Leroux, Éditeur

Phototypie Berthaud

SINOPE

E. Leroux, Éditeur Phototypie Berthaud

SINOPE

1 Æ 2 Æ 3 Æ 4 Æ

5 Æ 8 Æ 6 Æ 7 Æ 9 Æ

10 Æ 11 Æ 12 Æ

13 Æ 16 Æ 14 Æ 15 Æ

18 Æ 17 Æ 19 Æ

20 Æ 22 Æ 21 Æ

23 Æ 24 Æ 25 Æ

26 Æ 27 28 Æ

E. Leroux, Editeur

Phototypie Berthaud

SINOPE

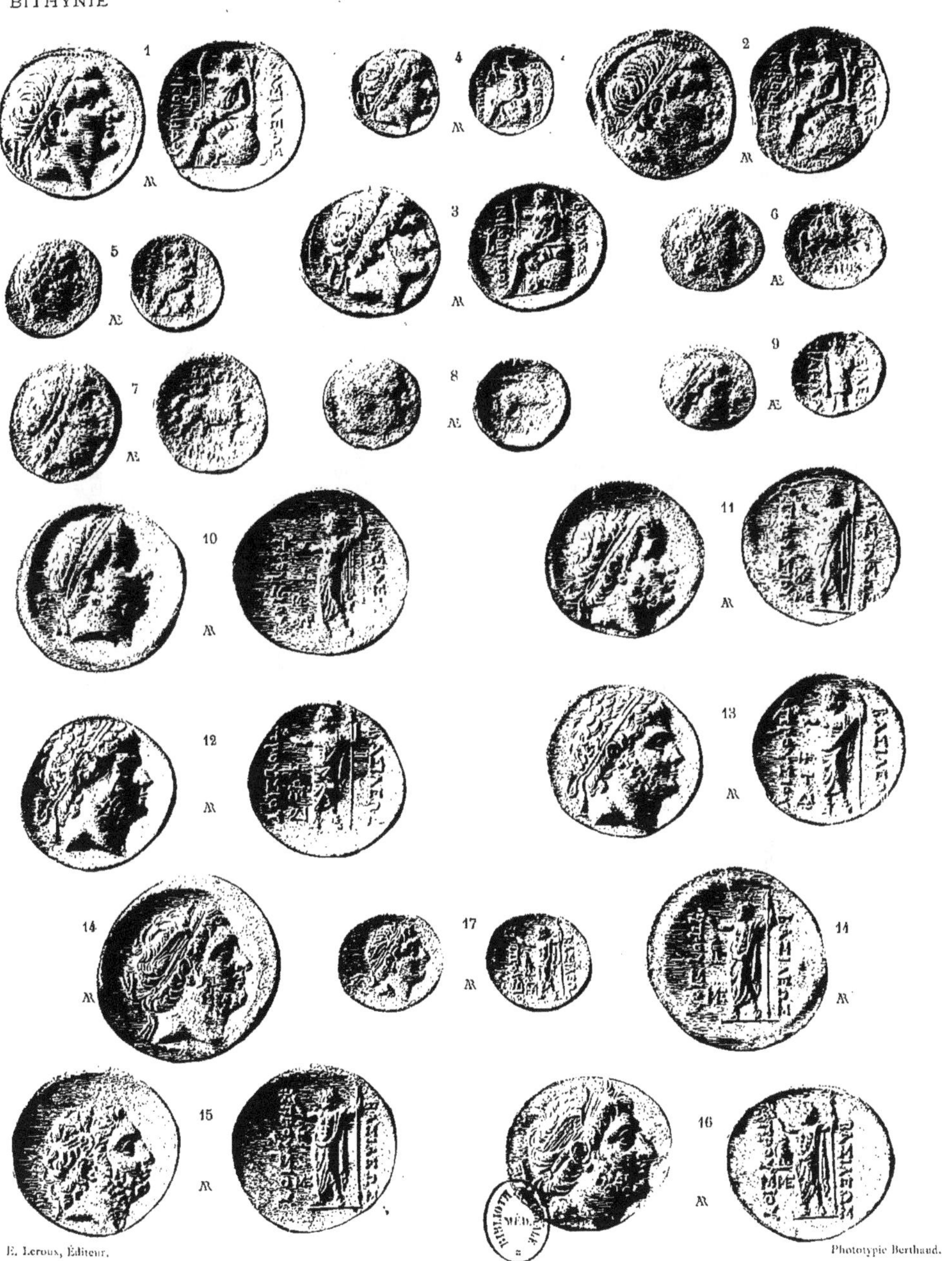

E. Leroux, Éditeur. Phototypie Berthaud.

ROIS DE BITHYNIE

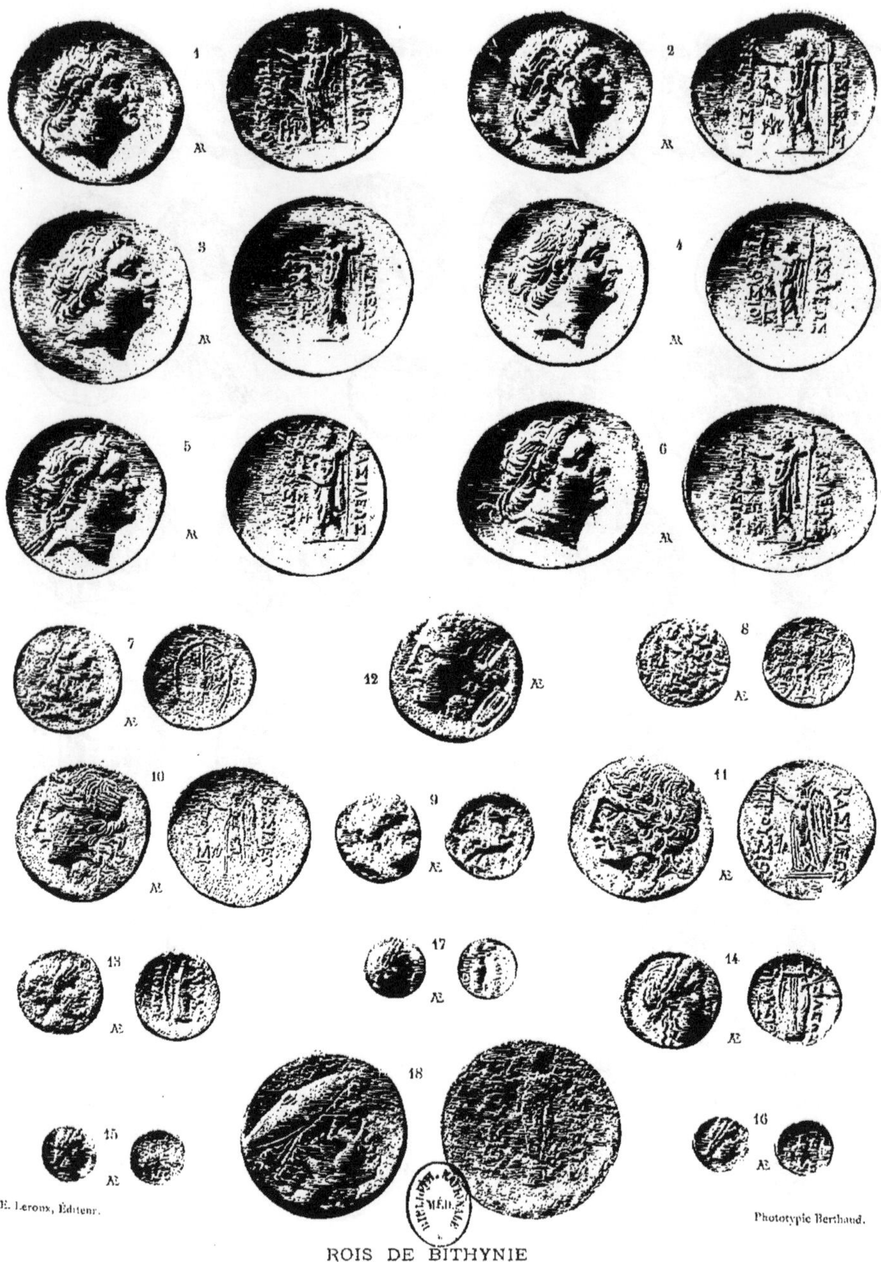

E. Leroux, Éditeur. Phototypie Berthaud.

ROIS DE BITHYNIE

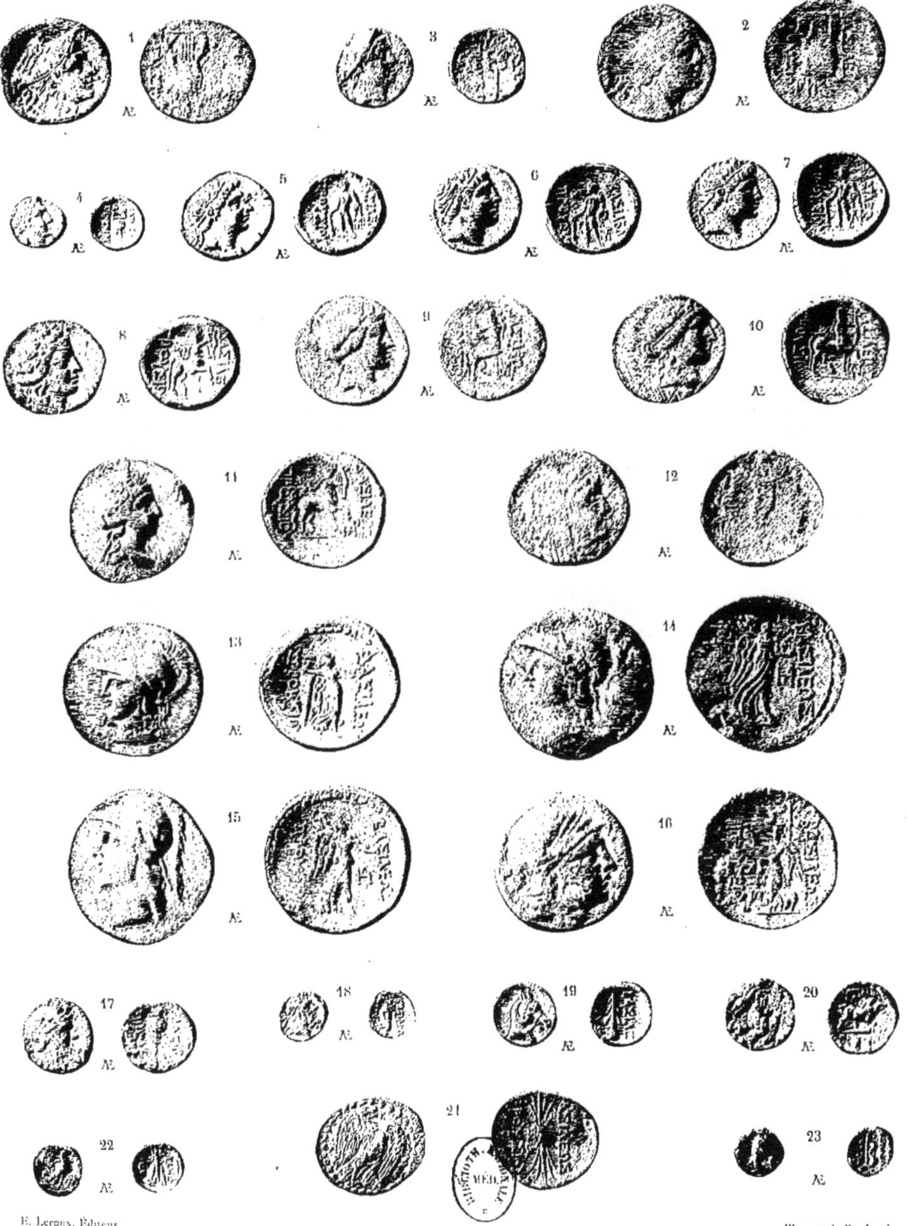

E. Leroux, Éditeur. Phototypie Berthaud.

ROIS DE BITHYNIE

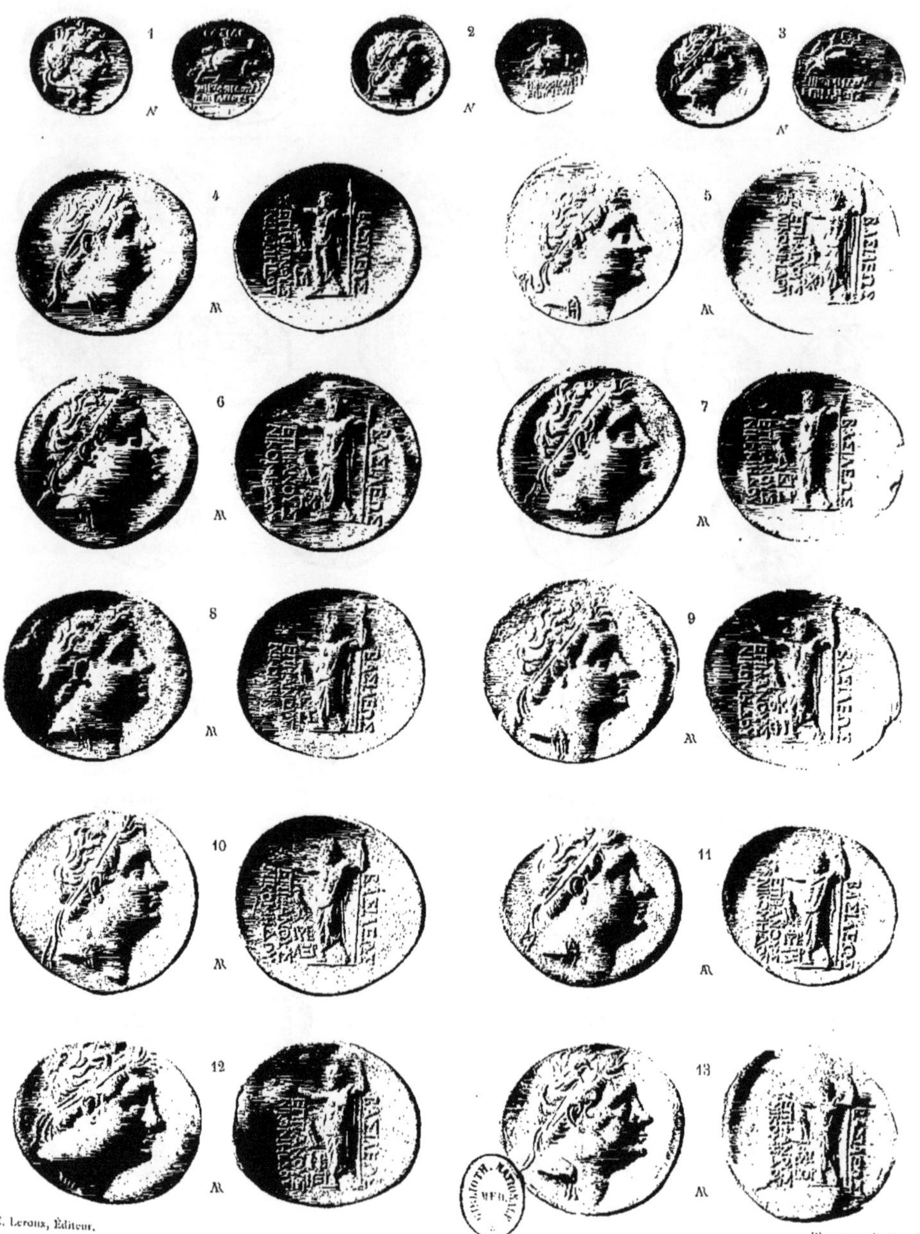

E. Leroux, Éditeur. Phototypie Berthaud.

ROIS DE BITHYNIE

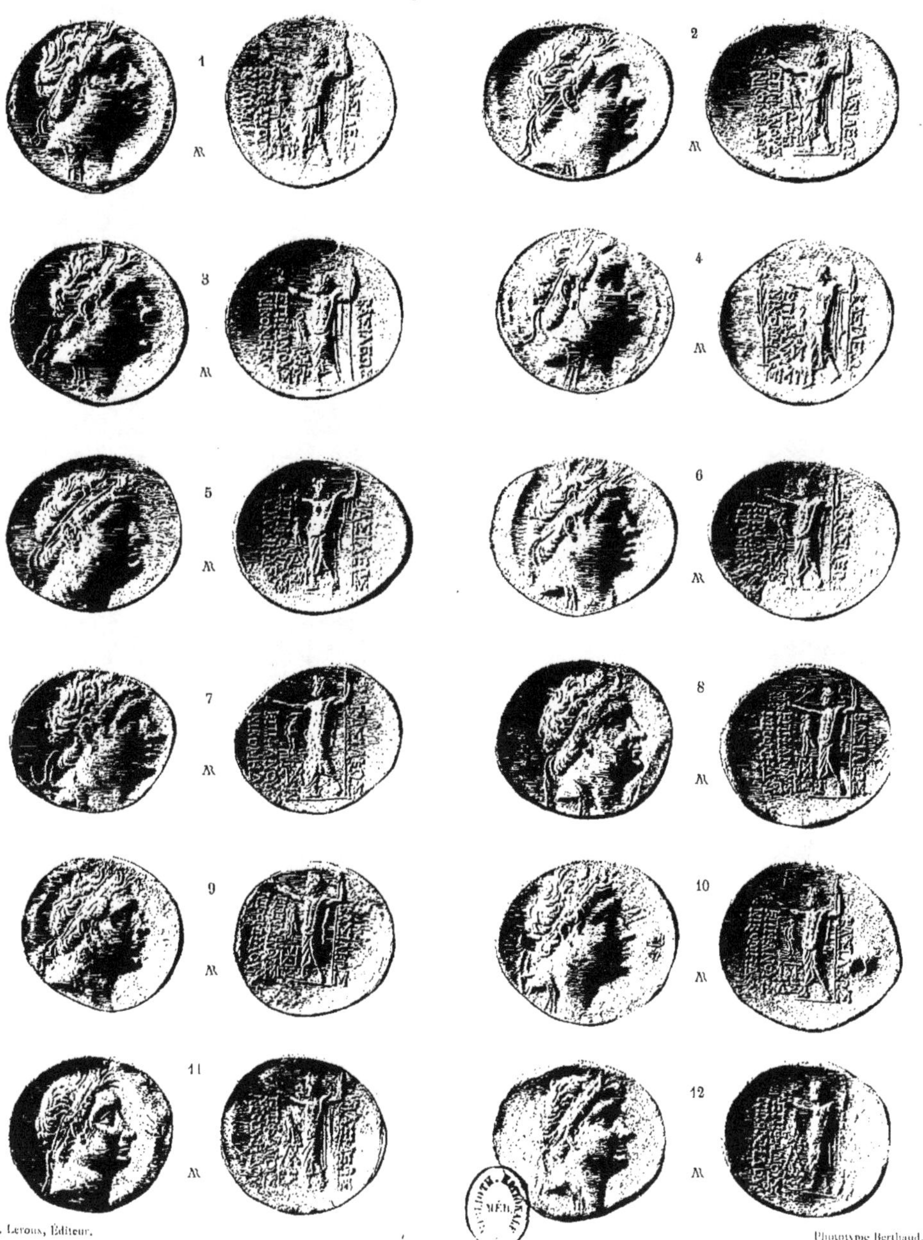

E. Leroux, Éditeur. Phototypie Berthaud.

ROIS DE BITHYNIE

E. Leroux, Éditeur.

Phototypie Berthaud.

ROIS DE BITHYNIE

E. Leroux, Éditeur. Phototypie Berthaud.

COMMUNE BITHYNIÆ

E. Leroux, Éditeur. Phototypie Berthaud.

COMMUNE BITHYNIÆ

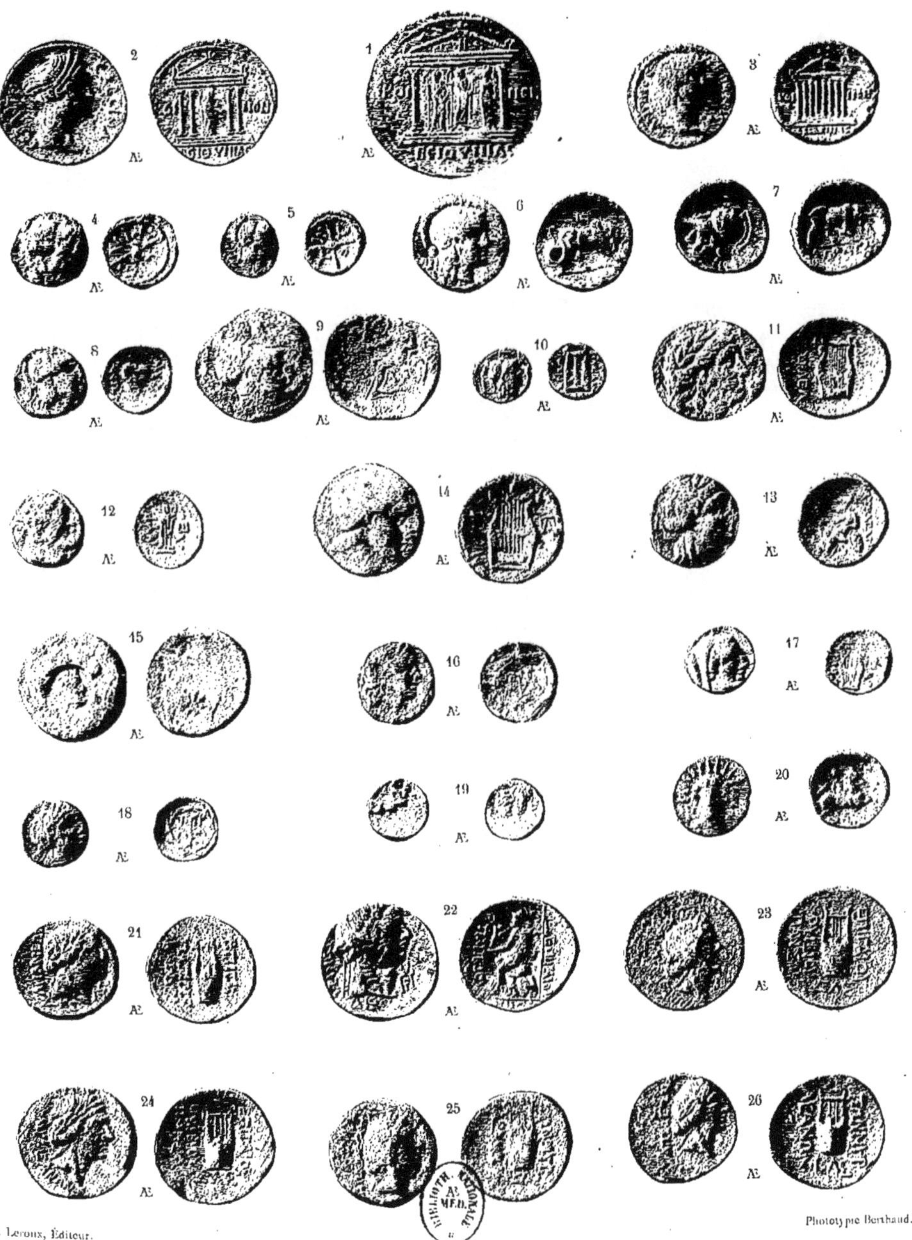

E. Leroux, Éditeur. Phototypie Berthaud.

COMMUNE BITHYNIÆ — APAMÉE

E. Leroux, Éditeur. Phototypie Berthaud.

APAMÉE

E. Leroux, Éditeur.

Phototypie Berthaud.

APAMÉE

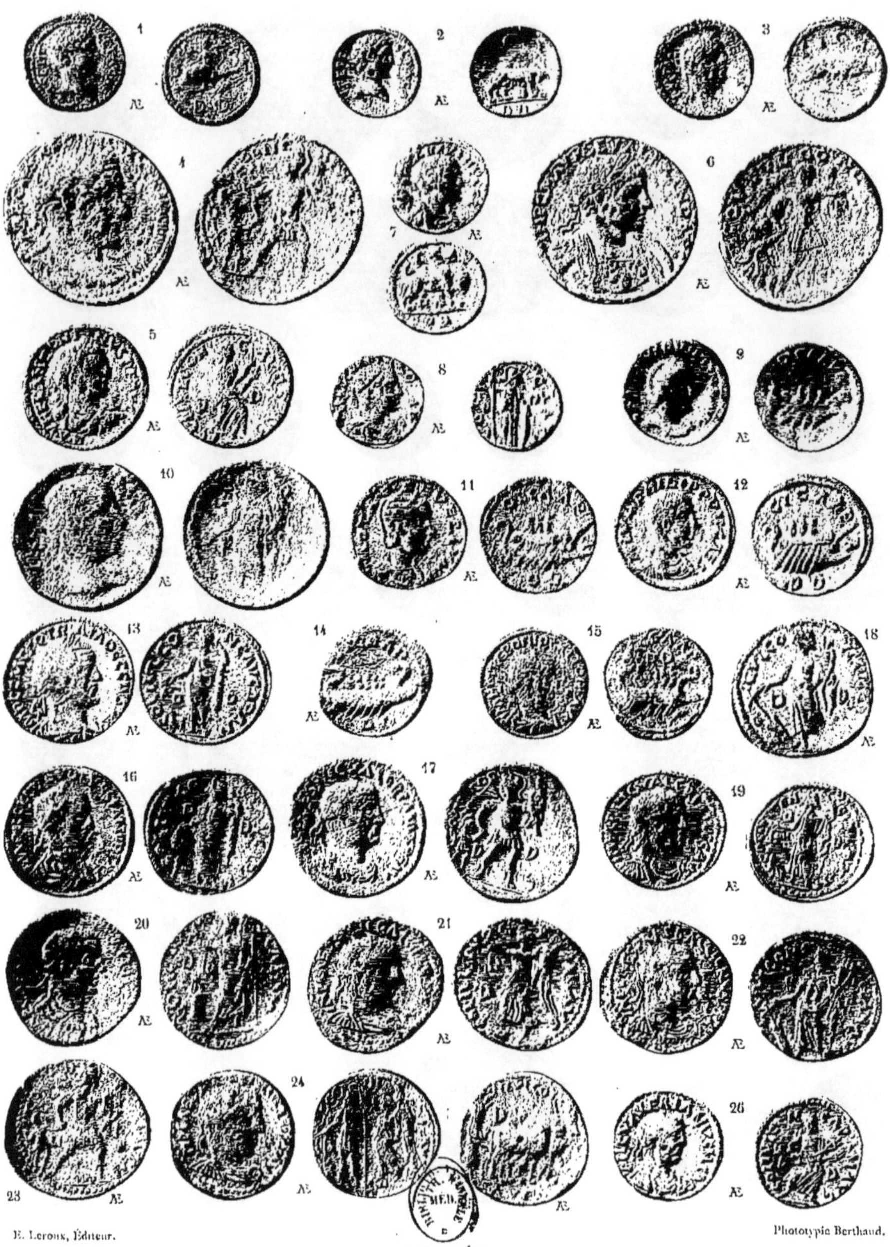

E. Leroux, Éditeur. Phototypie Berthaud.

APAMÉE

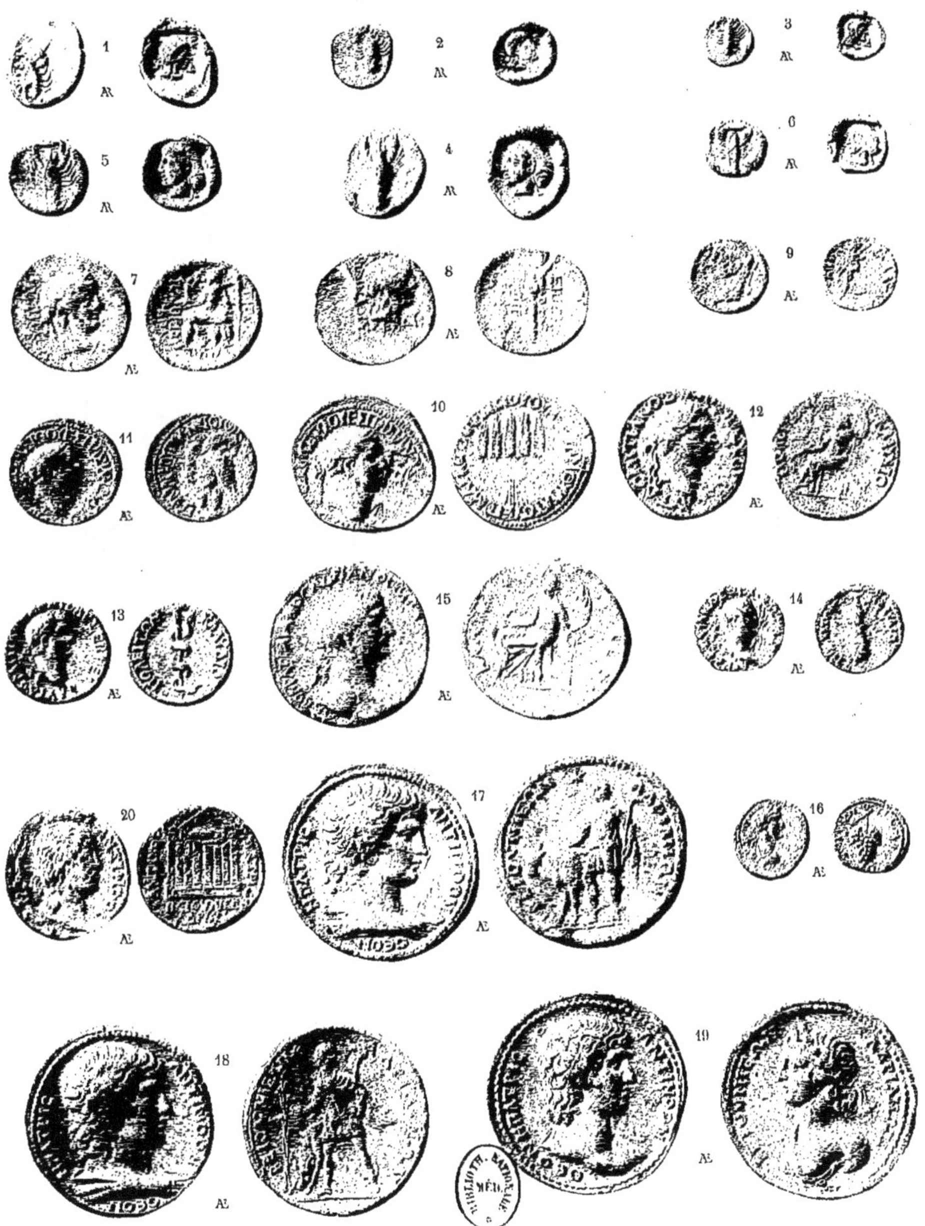

E. Leroux, Éditeur.

Phototypie Berthaud.

ASTACUS — BITHYNIUM

E. Leroux, Éditeur. Phototypie Berthaud.

BITHYNIUM

E. Leroux, Éditeur. Phototypie Berthaud.

BITHYNIUM

E. Leroux, Éditeur. Phototypie Berthaud.

CAESAREA-GERMANICA

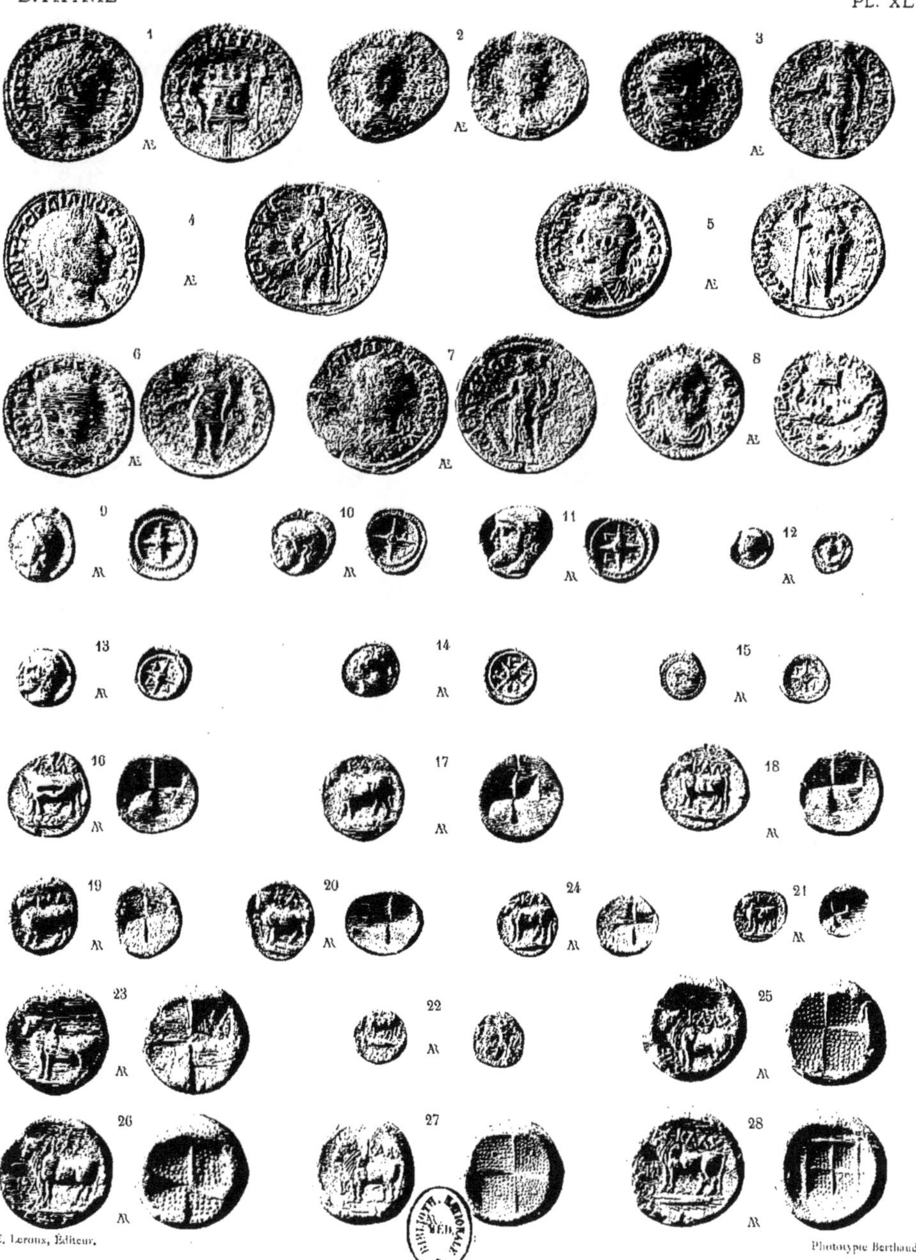

E. Leroux, Éditeur. Phototypie Berthaud.

CAESAREA-GERMANICA — CALCHÉDON

E. Leroux, Éditeur. Phototypie Berthaud.

CALCHÉDON

E. Leroux, Éditeur. Phototypie Berthaud.

CALCHÉDON

E. Leroux, Éditeur. Phototypie Berthaud.

CALCHÉDON

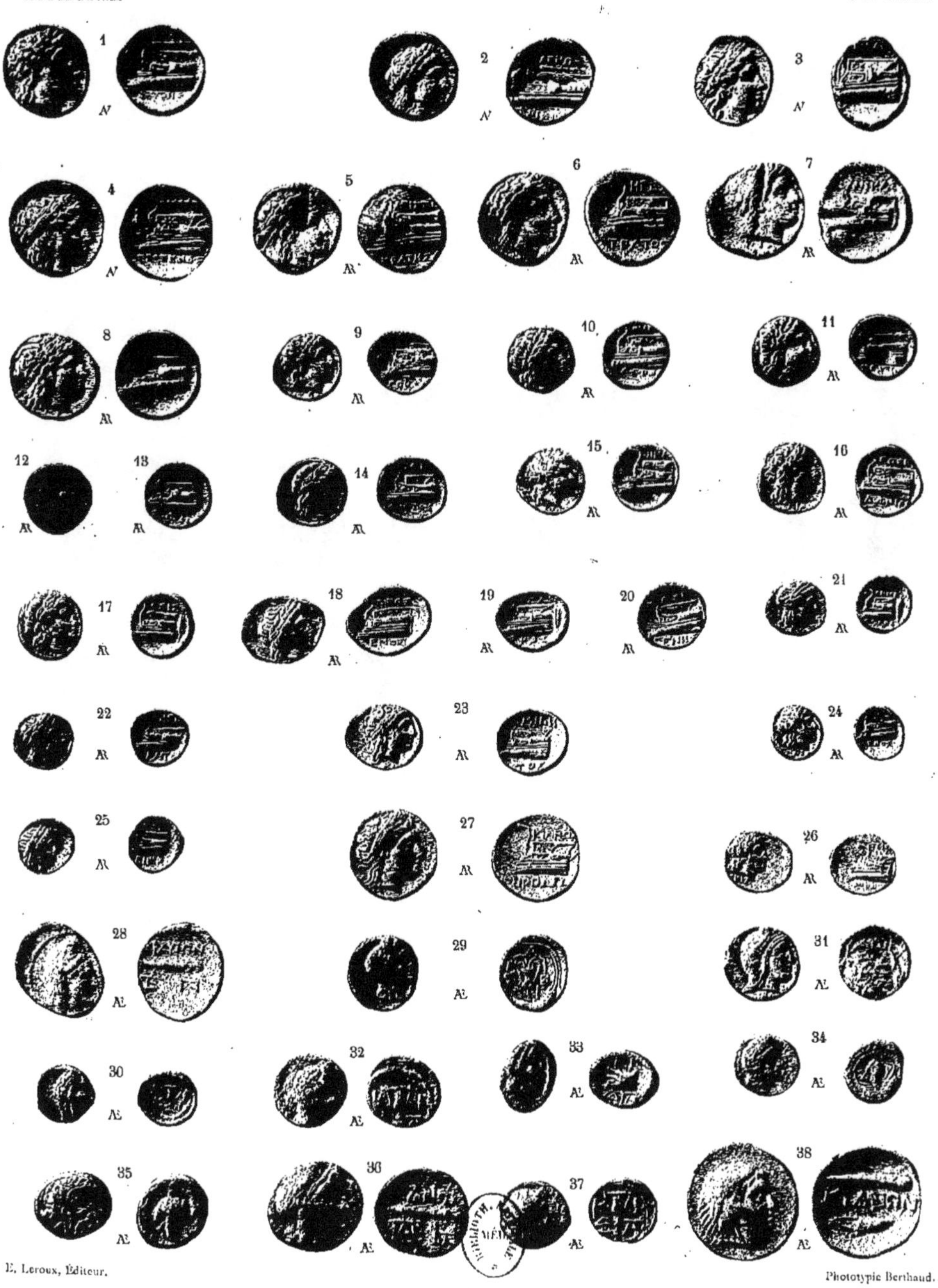

E. Leroux, Éditeur. Phototypie Berthaud.

CIUS

1 Æ 2 Æ 3 Æ

4 Æ 5 Æ 6 Æ

7 Æ 8 Æ 9 Æ

10 Æ 11 Æ 12 Æ

13 Æ 14 Æ

17 Æ 15 Æ 16 Æ

18 Æ 19 Æ

20 Æ 21 22 Æ

E. Leroux, Éditeur.

CIUS

Phototypie Berthaud.

E. Leroux, Éditeur. Phototypie Berthaud.

CIUS

E. Leroux, Éditeur. Phototypie Berthaud.

CIUS

E. Leroux, Éditeur. Phototypie Berthaud.

CIUS — CRETIA-FLAVIOPOLIS

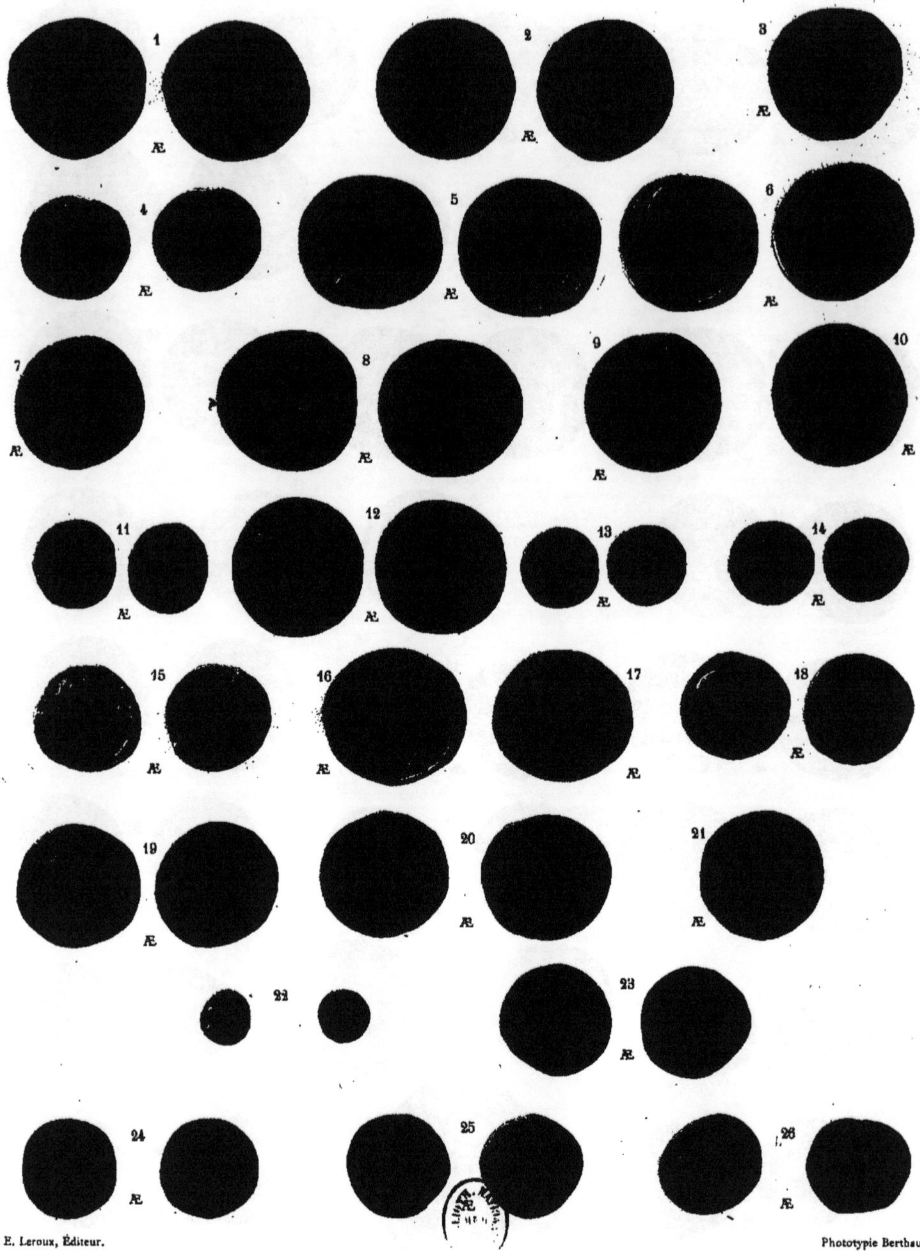

1 Æ
2 Æ
3 Æ
4 Æ
5 Æ
6 Æ
7 Æ
8 Æ
9 Æ
10 Æ
11 Æ
12 Æ
13 Æ
14 Æ
15 Æ
16 Æ
17 Æ
18 Æ
19 Æ
20 Æ
21 Æ
22
23 Æ
24 Æ
25 Æ
26 Æ

E. Leroux, Éditeur. Phototypie Berthaud.

CRETIA-FLAVIOPOLIS — DIA

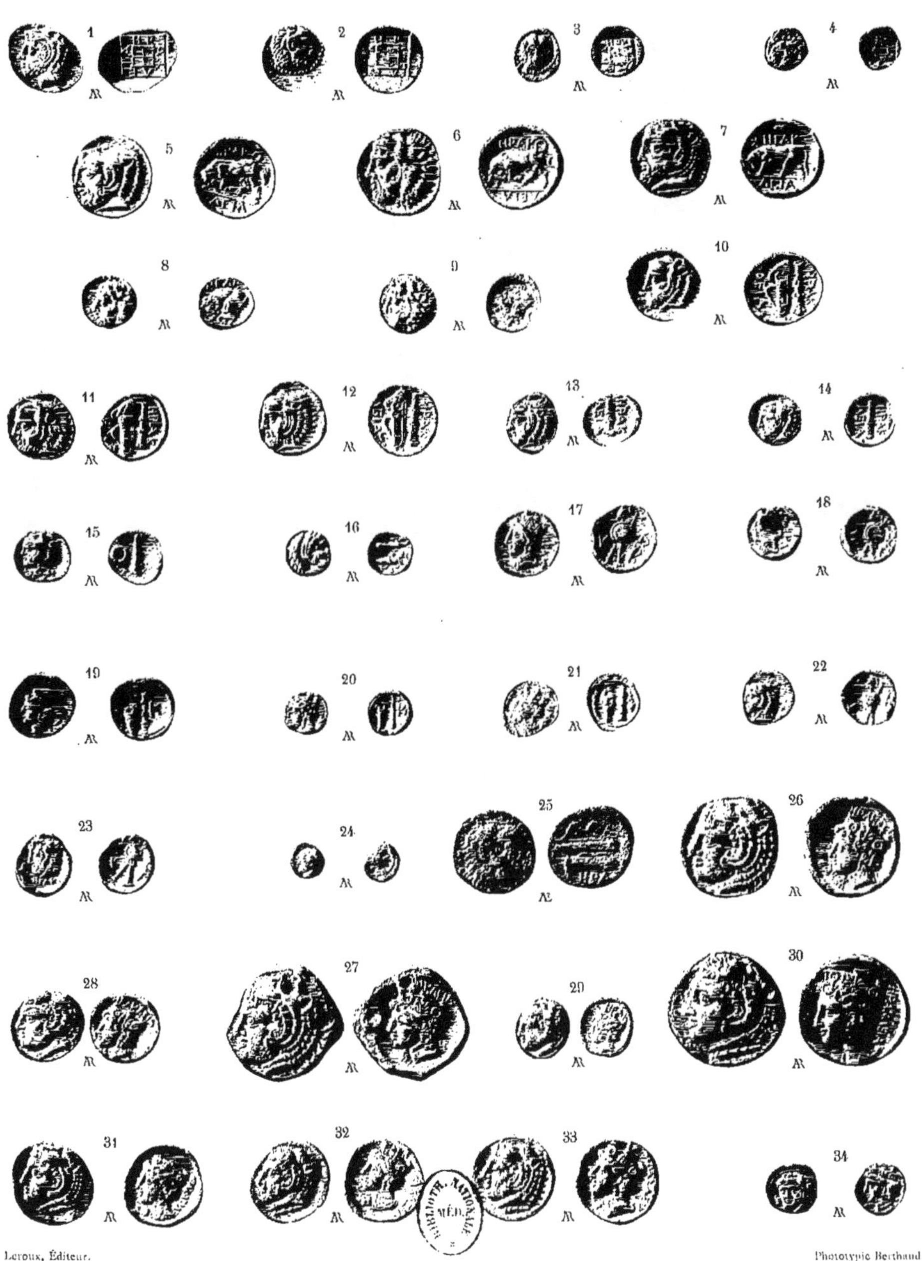

E. Leroux, Éditeur. Phototypie Berthaud.

HÉRACLÉE

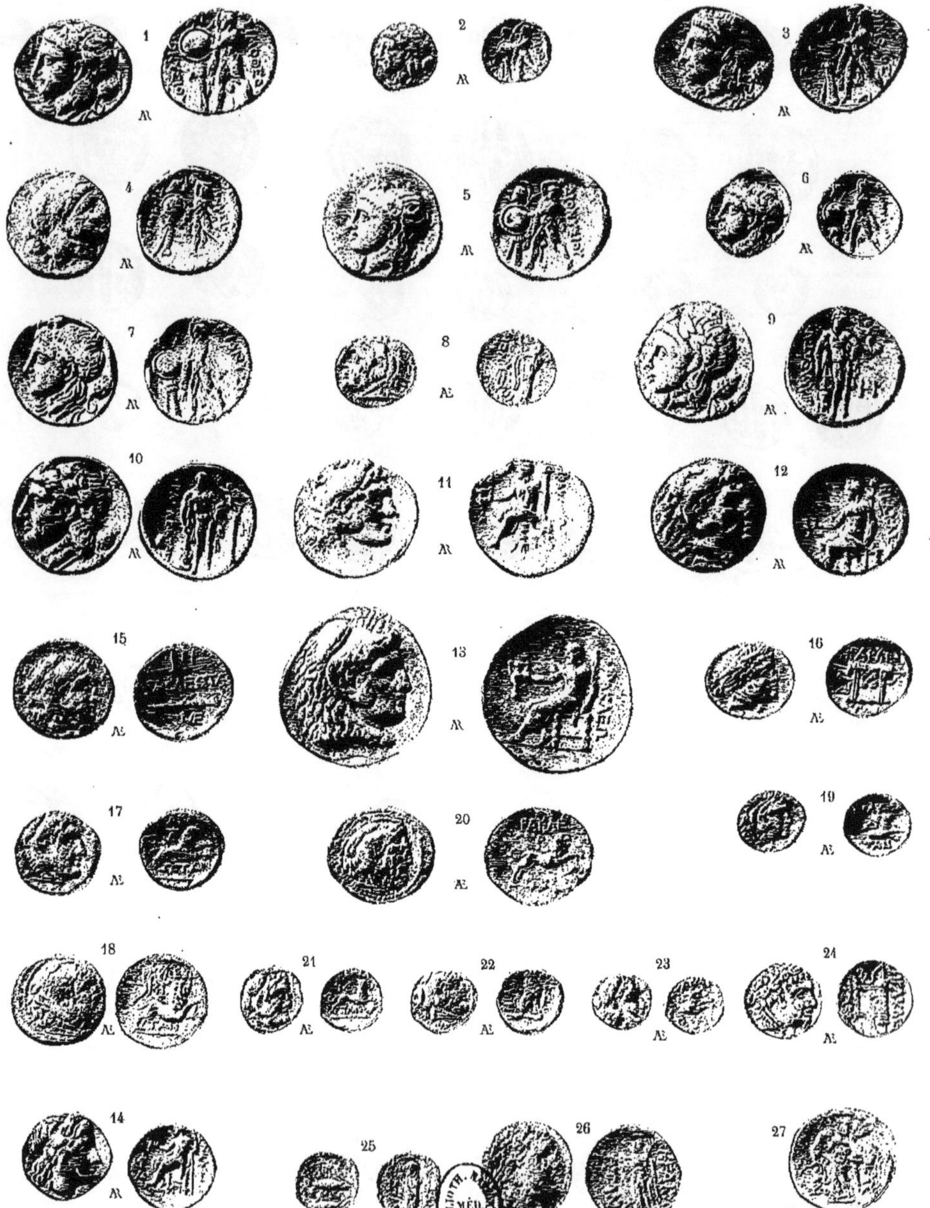

E. Leroux, Éditeur.

HÉRACLÉE

Phototypie Berthaud.

1 Æ 2 Æ 3 Æ 4 Æ

5 Æ 6 Æ 7 Æ 8 Æ

9 Æ 10 Æ 13 Æ

11 Æ 12 Æ

16 Æ

14 Æ 15 Æ 19 Æ

17 Æ 18 Æ

E. Leroux, Éditeur. Phototypie Berthaud.

HÉRACLÉE

E. Leroux, Éditeur. Phototypie Berthaud.

HÉRACLÉE

E. Leroux, Éditeur. Phototypie Berthaud.

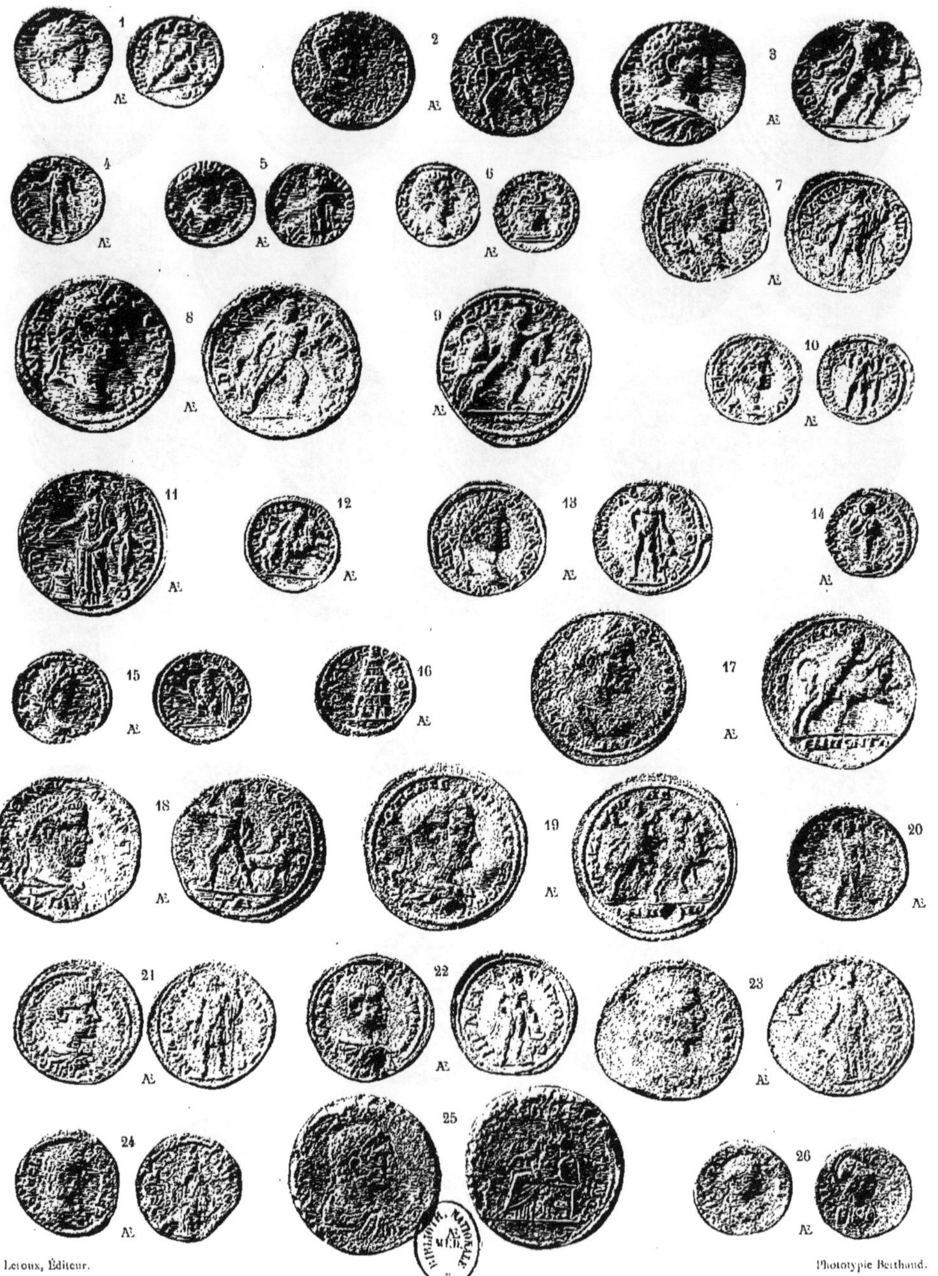

E. Leroux, Éditeur. Phototypie Berthaud.

HÉRACLÉE

E. Leroux, Éditeur. Phototypie Berthaud.

HÉRACLÉE

E. Leroux, Éditeur. Phototypie Berthaud.

HÉRACLÉE

E. Leroux, Éditeur. Phototypie Berthaud.

JULIOPOLIS

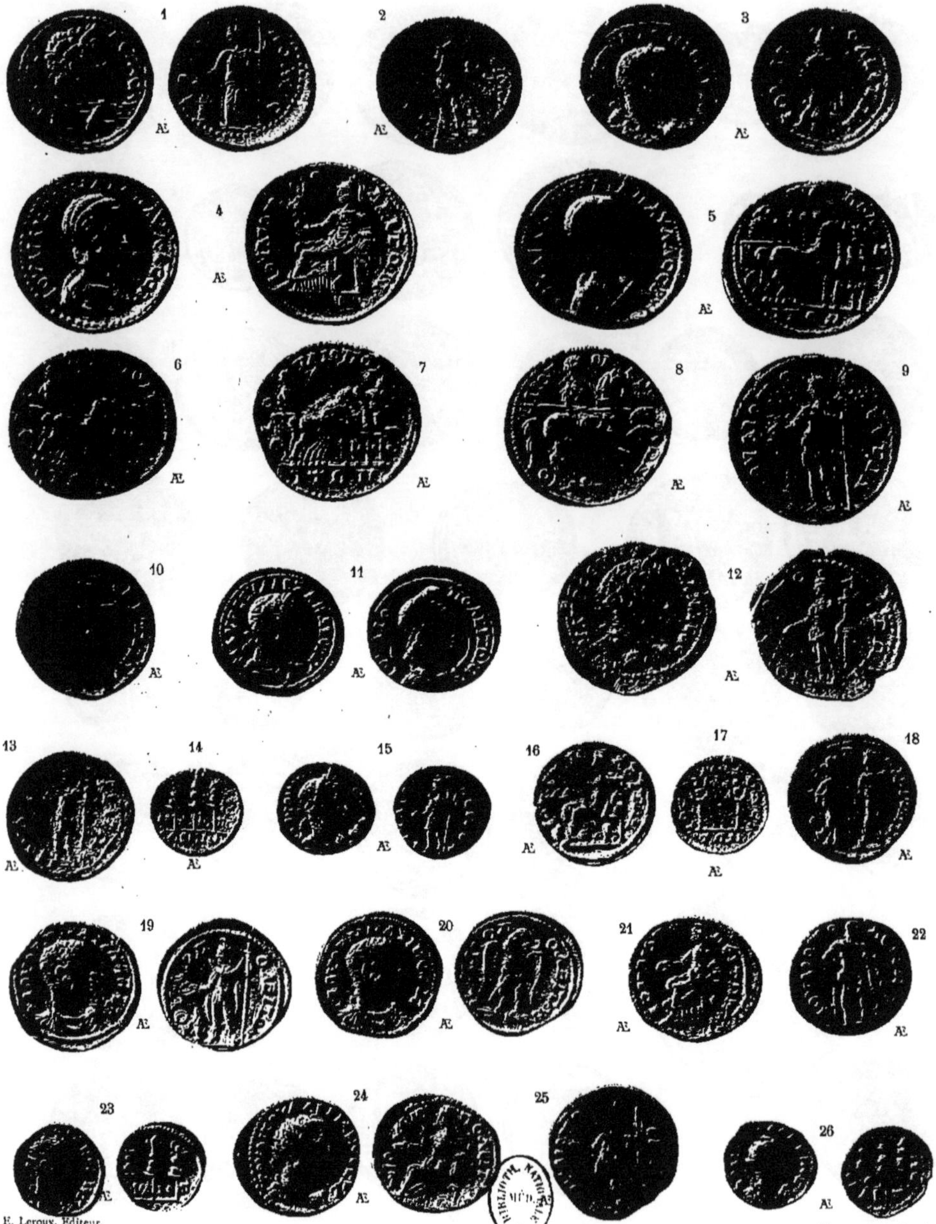

1 Æ 2 Æ 3 Æ

4 Æ 5 Æ

6 Æ 7 Æ 8 Æ 9 Æ

10 Æ 11 Æ 12 Æ

13 Æ 14 Æ 15 Æ 16 Æ 17 Æ 18 Æ

19 Æ 20 Æ 21 Æ 22 Æ

23 Æ 24 Æ 25 26 Æ

E. Leroux, Éditeur. Phototypie Berthaud.

JULIOPOLIS

E. Leroux, Éditeur. Phototypie Berthaud, Paris.

NICÉE

E. Leroux, Éditeur. Phototypie Berthaud, Paris.

NICÉE

E. Leroux, Éditeur. Phototypie Berthaud, Paris.

NICÉE

E. Leroux, Éditeur. Phototypie Berthaud, Paris.

NICÉE

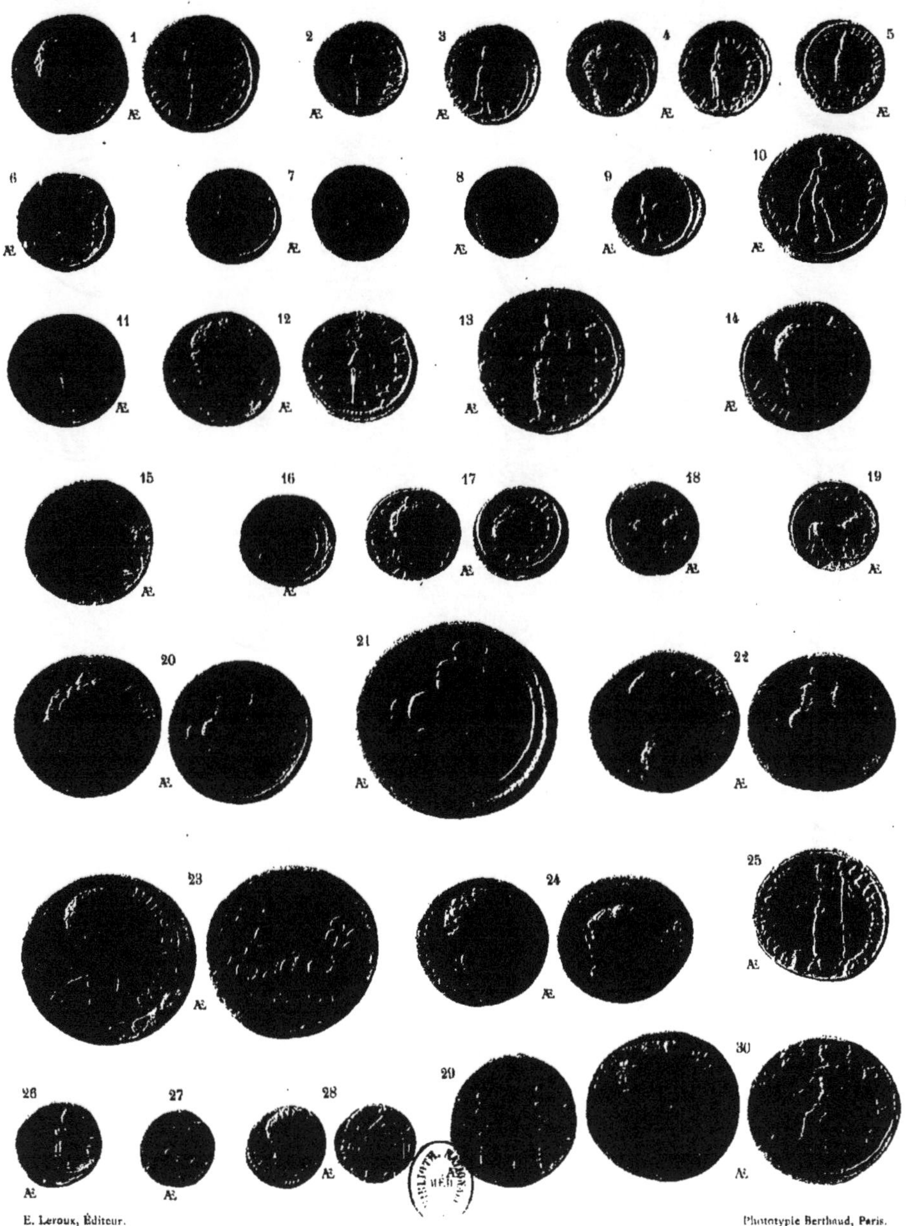

E. Leroux, Éditeur. Phototypie Berthaud, Paris.

NICÉE

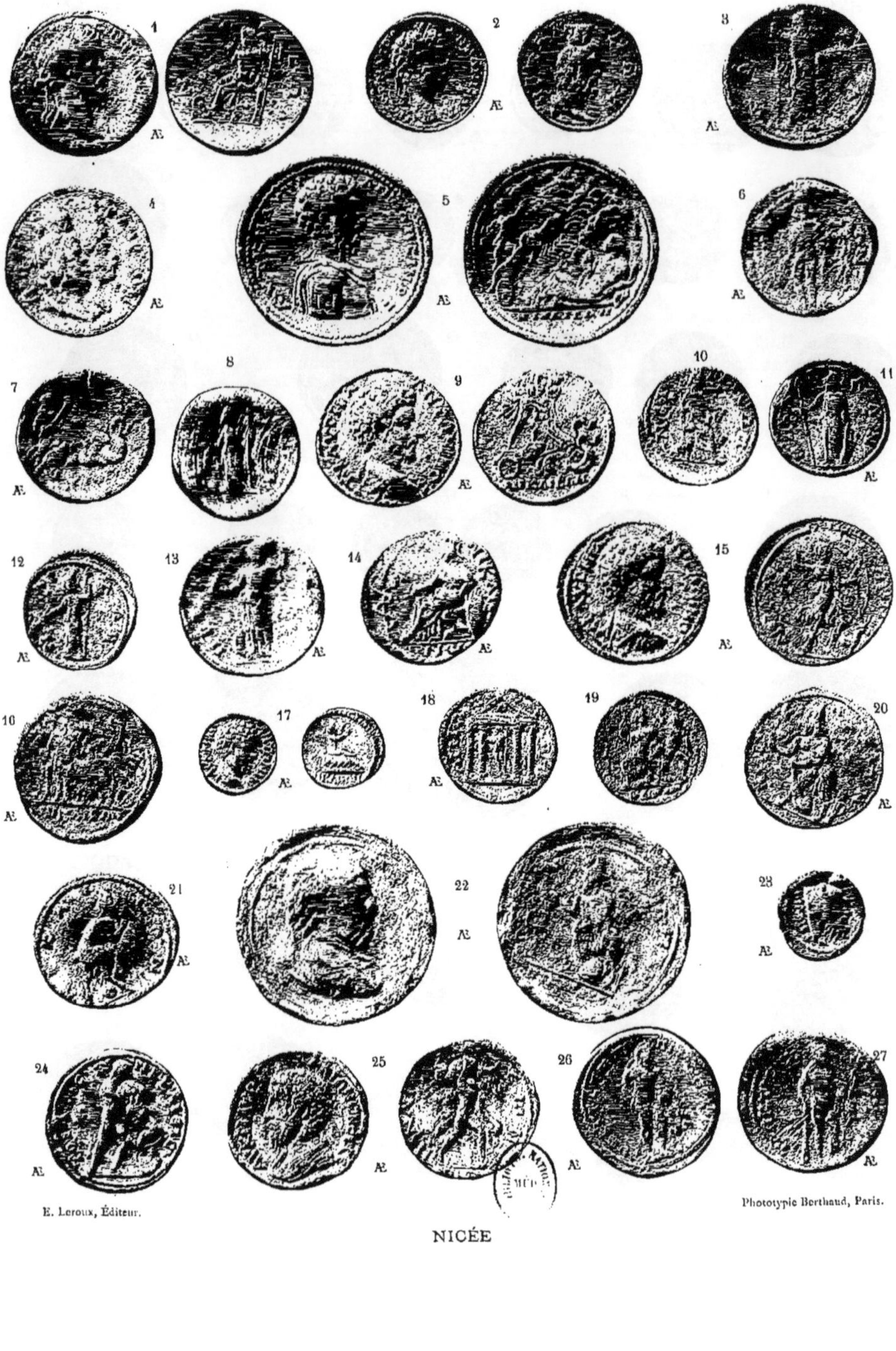

1 Æ 2 Æ 3 Æ 4 Æ 5 Æ 6 Æ 7 Æ 8 9 Æ 10 11 Æ 12 Æ 13 Æ 14 Æ 15 Æ 16 Æ 17 Æ 18 Æ 19 20 Æ 21 Æ 22 Æ 23 Æ 24 Æ 25 Æ 26 Æ 27 Æ

E. Leroux, Éditeur. Phototypie Berthaud, Paris.

NICÉE

E. Leroux, Éditeur. Phototypie Berthaud, Paris.

NICÉE

E. Leroux, Éditeur. Phototypie Berthaud, Paris.

NICÉE

1 2 3

4 5 6

7 8 9

10 11 12

14 Æ 13 Æ 15 Æ

16 Æ 17 Æ 18 Æ

19 Æ 20 Æ 21 Æ 22 Æ

E. Leroux, Éditeur.

Phototypie Berthaud, Paris.

NICÉE

1 Æ 2 Æ 3 Æ 4 Æ
5 Æ 6 Æ 7 Æ 8 Æ
9 Æ 10 Æ 11 Æ 12 Æ
13 Æ 14 Æ 15 Æ 16 Æ
17 Æ 18 Æ 19 Æ 20 Æ
21 Æ 22 Æ 23 Æ 24 Æ 25 Æ
26 Æ 27 Æ 28 Æ 29 Æ
30 Æ 32 Æ 31 Æ

E. Leroux, Éditeur. Phototypie Berthaud, Paris.

NICÉE

E. Leroux, Éditeur. Phototypie Berthaud, Paris.

NICÉE

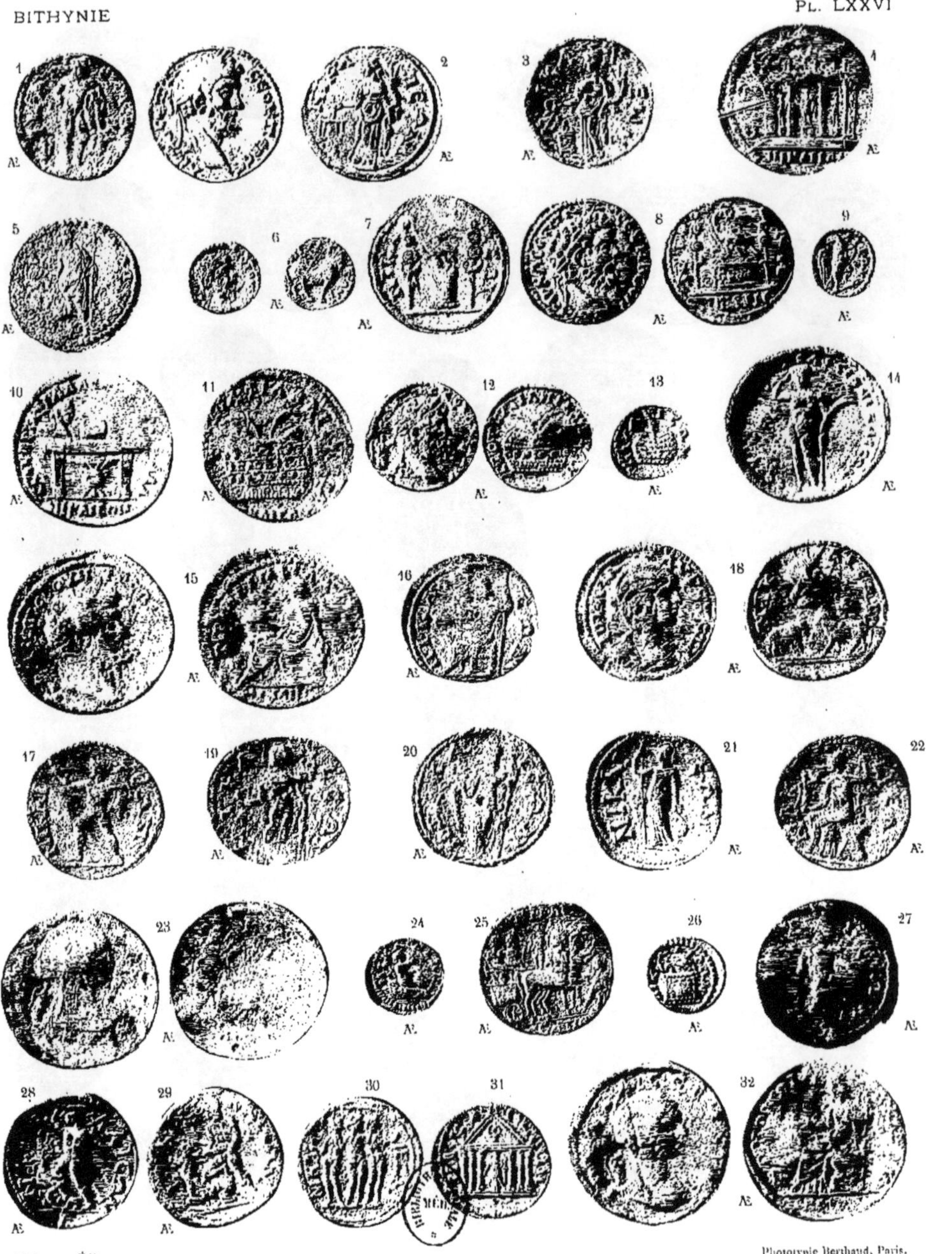

E. Leroux, Éditeur. Phototypie Berthaud, Paris.

NICÉE

E. Leroux, Éditeur.

Phototypie Berthaud, Paris.

NICÉE

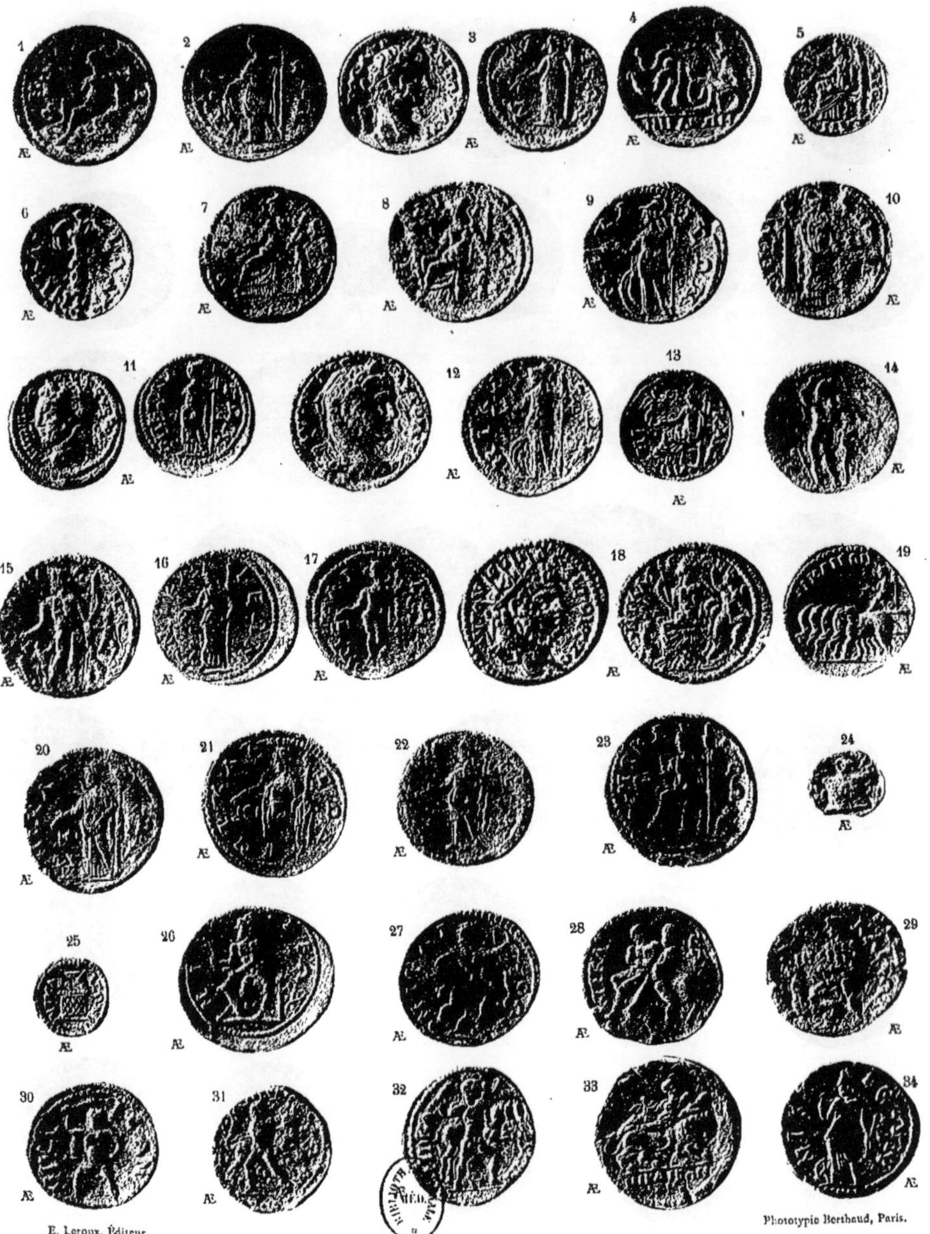

E. Leroux, Éditeur. Phototypie Berthaud, Paris.

NICÉE

E. Leroux, Éditeur. Phototypie Berthaud, Paris.

NICÉE

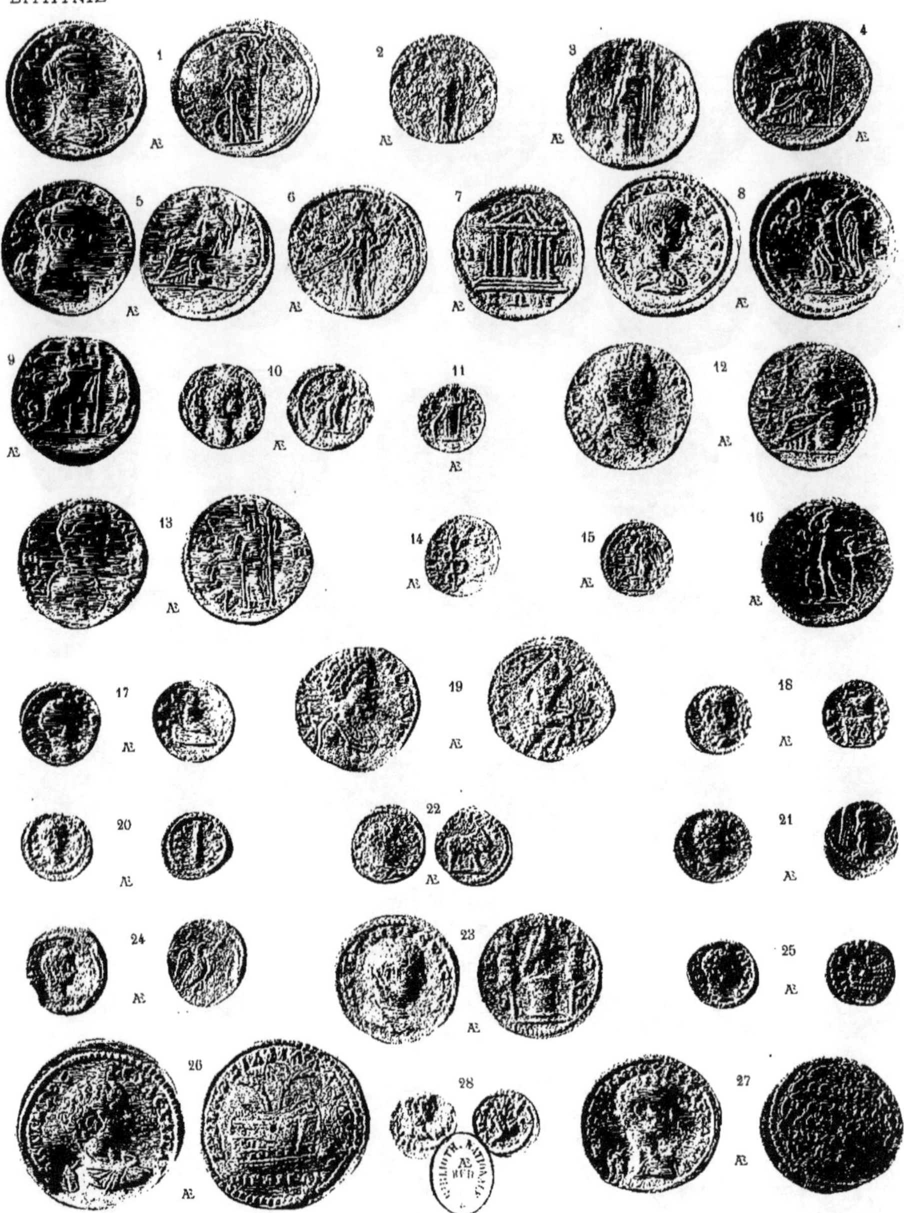

E. Leroux, Éditeur. Phototypie Berthaud, Paris.

NICÉE

E. Leroux, Éditeur. Phototypie Berthaud, Paris.

NICÉE

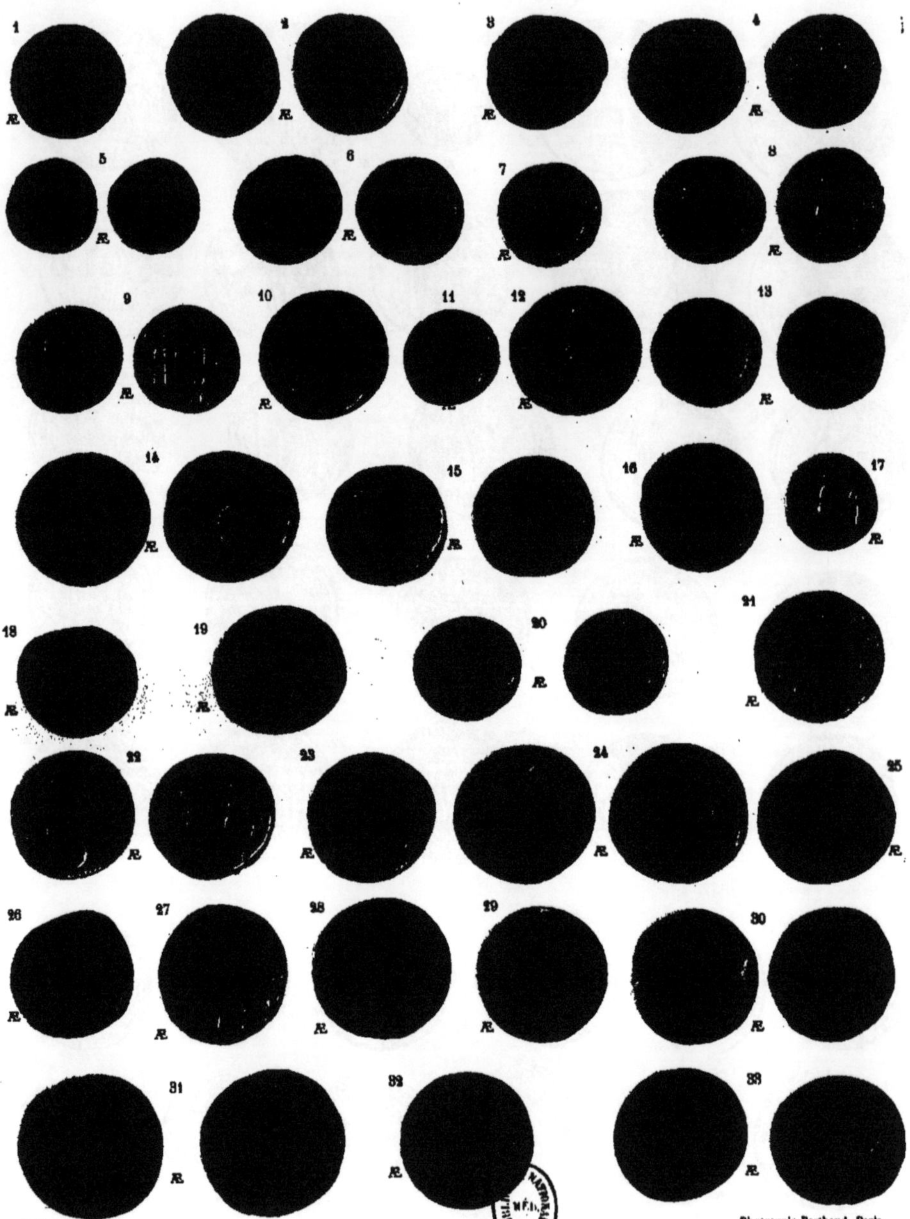

E. Leroux, Éditeur. Phototypie Berthaud, Paris.

NICÉE

E. Leroux, Éditeur. Phototypie Berthaud, Paris.

NICÉE

E. Leroux, Éditeur.

Phototypie Berthaud, Paris.

NICÉE

1 Æ 2 Æ 3 Æ 4 Æ

5 Æ 6 Æ 7 Æ 8 Æ 9 Æ 10 Æ

11 Æ 12 Æ 13. Æ 14 Æ

15 Æ 16 Æ 17 Æ 18 Æ 19 Æ

20 Æ 21 Æ 22 Æ 23 Æ

24 Æ 25 Æ 26 Æ 27 Æ

28 Æ 30 Æ 29 Æ 31 Æ 32 Æ 34 Æ

33 Æ 35 Æ 36 Æ 37 Æ 38 Æ

39 Æ 40 Æ 41 Æ 42 Æ 43 Æ

Phototypie Berthaud, Paris.

E. Leroux, Éditeur.

NICÉE

E. Leroux, Éditeur.

Phototypie Berthaud, Paris.

NICÉE

1 Æ 2 Æ 3 Æ 4 Æ 5 Æ

6 Æ 7 Æ 8 Æ 9 Æ 10 Æ

11 Æ 12 Æ 13 Æ 14 Æ 15 Æ 16 Æ

17 Æ 18 Æ 19 Æ 20 Æ

21 Æ 22 Æ 23 Æ 24 Æ 25 Æ

26 Æ 27 Æ 28 Æ 29 Æ 30 Æ 31 Æ

32 Æ 33 Æ 34 Æ 35 Æ 36 Æ 37 Æ

38 Æ 39 Æ 40 Æ 41 Æ 42 Æ 43 Æ

E. Leroux, Éditeur.

Phototypie Berthaud, Paris.

NICÉE

E. Leroux, Éditeur. Phototypie Berthaud, Paris.

NICÉE (1 à 16) — NICOMÉDIE (17 à 29).

E. Leroux, Éditeur. Phototypie Berthaud, Paris.

NICOMÉDIE

E. Leroux, Éditeur. Phototypie Berthaud, Paris.

NICOMÉDIE

E. Leroux, Éditeur.

Phototypie Berthaud, Paris.

NICOMÉDIE

E. Leroux, Éditeur. Phototypie Berthaud, Paris.

NICOMÉDIE

1 Æ

2 Æ

4 Æ

3 Æ

5 Æ

6 Æ

7 Æ

8 Æ

9 Æ

10 Æ

11 Æ

12 Æ

13 Æ

14 Æ

15 Æ

16 Æ

17 Æ

18 Æ

19 Æ

20 Æ

21 Æ

22 Æ

23 Æ

24 Æ

25 Æ

26 Æ

27 Æ

28 Æ

29 Æ

E. Leroux, Éditeur.

Phototypie Berthaud, Paris.

NICOMÉDIE

E. Leroux, Éditeur. Phototypie Berthaud, Paris.

NICOMÉDIE

E. Leroux, Éditeur.

Phototypie Berthaud, Paris.

NICOMÉDIE

E. Leroux, Édit.

Phototypie Berthaud, Paris

NICOMÉDIE

1 Æ · Æ · 2 Æ · 3 Æ · 4 Æ · 5 Æ

7 Æ · 6 Æ · 8 Æ · 9 Æ · 10 Æ

11 Æ · 12 Æ · 13 Æ · 14 Æ · 15 Æ · 16 Æ

17 Æ · 18 Æ · 19 Æ · 20 Æ

22 Æ · 23 Æ · 21 Æ · 24 Æ

25 Æ · 26 Æ · 27 Æ · 28 Æ

30 Æ · 29 Æ · 31 Æ · 32 Æ

E. Leroux, Éditeur. Phototypie Berthaud, Paris.

NICOMÉDIE

E. Leroux, Éditeur.

Phototypie Berthaud, Paris.

NICOMÉDIE

PRUSA

E. Leroux, éditeur.

Phototypie Berthaud, Paris.

PRUSA

E. Leroux, éditeur. Phototypie Berthaud, Paris.

PRUSA

E. Leroux, éditeur.

Phototypie Berthaud, Paris.

PRUSA

E. Leroux, éditeur. Phototypie Berthaud, Paris.

PRUSA (1 à 15)
PRUSIAS SUR L'HYPIUS (16 à 27)

E. Leroux, éditeur. Phototypie Berthaud, Paris.

PRUSIAS SUR L'HYPIUS

2 Æ 1 Æ 3 Æ

4 Æ 5 Æ 6 Æ

7 Æ 8 Æ 9 Æ

10 Æ 11 Æ 12 Æ 13 Æ

14 Æ 15 Æ 16 Æ 17 Æ 18 Æ

19 Æ 20 Æ 21 Æ

22 Æ 23 Æ

24 Æ 25 Æ 26 Æ 27 Æ

E. Leroux, éditeur. Phototypie Berthaud, Paris.

PRUSIAS SUR L'HYPIUS

E. Leroux, éditeur. Phototypie Berthaud, Paris.

PRUSIAS SUR L'HYPIUS (1 à 4)
TIUM (5 à 27)

E. Leroux, éditeur. Phototypie Berthaud, Paris.

TIUM

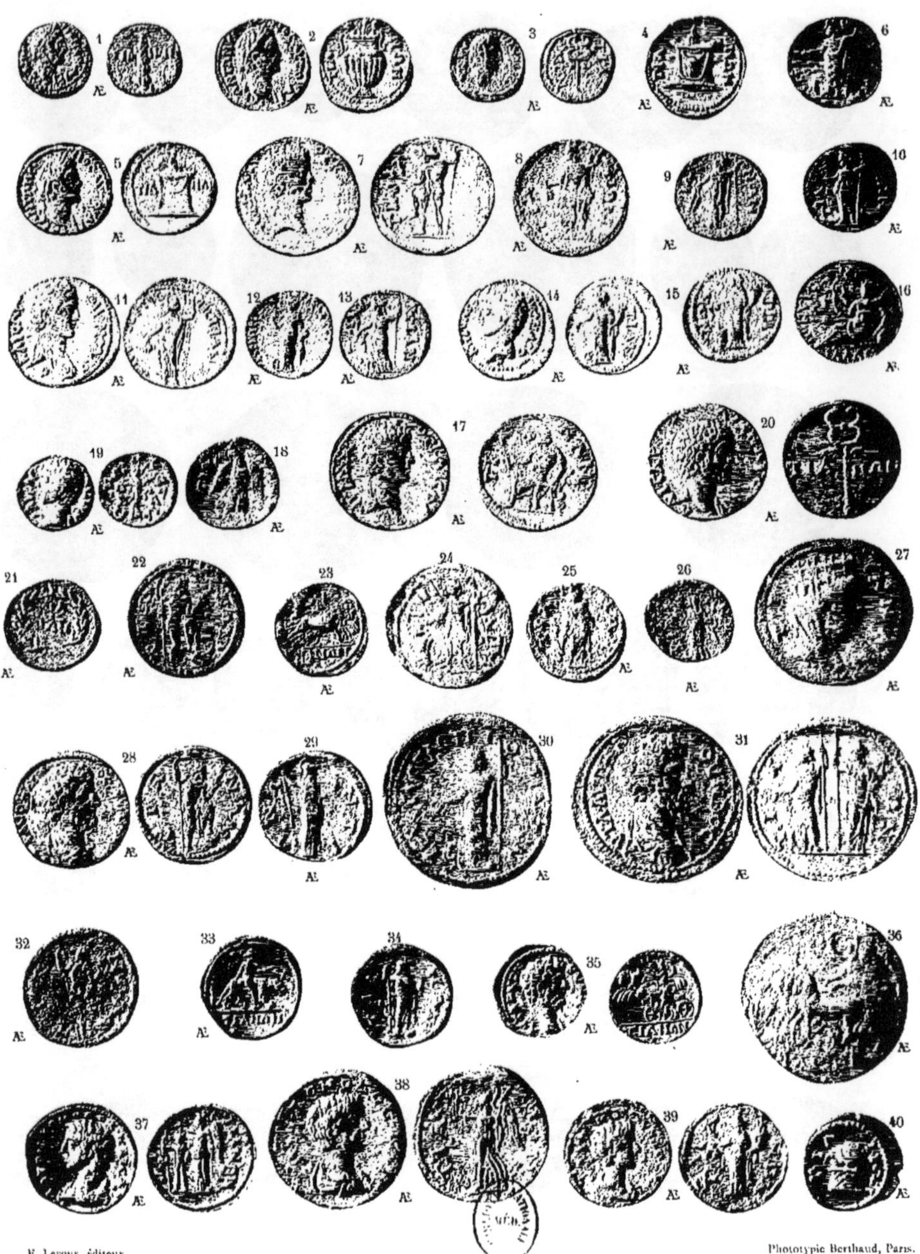

E. Leroux, éditeur. Phototypie Berthaud, Paris.

TIUM

E. Leroux, éditeur. Phototypie Berthaud, Paris.

TIUM

E. Leroux, éditeur.

Phototypie Berthaud, Paris.

TIUM

E. Leroux, éditeur. Phototypie Berthaud, Paris.

TIUM

www.ingramcontent.com/pod-product-compliance
Ingram Content Group UK Ltd.
Pitfield, Milton Keynes, MK11 3LW, UK
UKHW012239240726
13966UKWH00003B/1169

9 782013 401715